ANNE LINDBERGH

SOLITUDE
FACE A LA MER

Les Presses de la Cité
9797 Tolhurst, Montréal   H3L 2Z7
Tél.: 382-5950
ISBN-2-89116-187-4

(« GIFT FROM THE SEA »)

Traduit de l'américain par
Nicole BOGLIOLO
et Georges RODITI

CES pages, j'ai commencé à les écrire pour moi-même. Je voulais méditer sur mon genre de vie, mon équilibre personnel, mon travail, mes rapports avec autrui, et je le faisais un crayon à la main, car cela m'aide à mieux penser.

Lorsque mes réflexions ont commencé de prendre forme sur le papier, mon expérience de la vie m'apparaissait comme très différente de celle des autres — peut-être avons-nous tous la même illusion ? Il me semblait que ma situation comportait à certains égards plus de liberté que celles de la plupart des gens, et à d'autres égards beaucoup moins.

Et je me demandais si toutes les femmes sont à la recherche,

8

comme je le suis, d'un nouveau genre de vie et si elles éprouvent toutes le besoin de faire retraite. Bien des femmes sont satisfaites de leur vie telle qu'elle est. Elles s'en tirent à merveille, elles s'en tirent bien mieux que moi : voilà ce que je me disais à les regarder vivre. Avec envie, avec admiration, j'observais la perfection fragile de leurs jours qui s'égrènent sans heurts. Peut-être n'ont-elles pas de problèmes ? Ou alors il y a beau temps qu'elles en ont trouvé la solution.

Mais, continuant d'écrire et parlant avec des femmes jeunes et vieilles, de tous genres de vie — femmes qui subviennent à leurs besoins, femmes qui veulent faire une carrière, femmes riches, ou bien mères de famille au dur labeur — j'ai découvert que mon point de vue n'est pas unique. De nombreuses femmes — des hommes aussi — affrontent à leur manière des problèmes essentiellement les mêmes que les miens et se montrent avides de les comprendre, de les retourner sous toutes leurs faces et d'en faire surgir des solutions possibles. Même parmi ces êtres dont la vie bat avec la régularité d'un tic-tac derrière des visages aussi impertur-

bables que les horloges, beaucoup
sont, comme moi, à la recherche
d'un rythme d'existence différent,
où il y aurait plus de place pour
des pauses créatrices, plus de con-
cessions à nos besoins intérieurs,
et qui nous permettrait d'établir
des rapports nouveaux et plus
vivants avec nous-mêmes et avec
les autres.

Ainsi nourries par les conver-
sations que j'ai eues avec des
hommes et des femmes de toute
sorte et par les confidences qu'ils
m'ont faites, ces pages sont devenues quelque chose de plus que
mon histoire personnelle. Si bien
que j'ai finalement décidé de les

offrir à ceux et à celles qui ont
pris part à ma recherche et à
toutes mes compagnes connues
et inconnues.

CHAPITRE PREMIER

LA PLAGE

LA plage n'est pas pas l'endroit pour travailler, pour lire, écrire ou réfléchir; l'expérience des années passées aurait dû me le rappeler. Trop chaude, trop humide, trop douce, elle ne favorise ni le travail intellectuel ni l'envol de l'esprit. Mais on ne retient jamais cette leçon : avec espoir on emporte le vieux sac de paille tout rempli de livres. de blocs de papier, de lettres auxquelles il faudrait enfin répondre, de crayons fraîche- ment taillés. Et puis l'on n'ouvre pas les livres, la mine des crayons se casse et le papier reste aussi lisse et immaculé que le ciel sans nuages. On ne lit pas, on n'écrit pas, on ne pense même pas, du moins pas au début.

Au début, c'est le corps fatigué qui commande. Comme sur une chaise longue de paquebot, l'esprit tombe dans une parfaite apathie. En dépit de toutes les bonnes résolutions on s'abandonne au rythme primitif du rivage. La houle sur la plage, le vent dans les pins, le lent battement d'ailes des hérons sur les dunes de sable submergent le rythme fiévreux de la ville ou de la banlieue, enterrent les horaires et les emplois du temps. On tombe sous le charme, on se détend, on s'allonge, face dans le sable. Bref, on devient assez semblable au sol sur lequel on repose, aplati par la mer, nu, vide comme la plage, lavé des graffiti d'hier par la marée d'aujoud'hui.

Puis, un matin, l'esprit s'éveille, revient à la vie — non pas à la vie citadine, mais à celle de la plage. Il joue, vagabonde, décrit des courbes pareilles aux vagues paresseuses qui s'attardent sur le rivage. On ne sait jamais quels trésors ces flots inconscients et sans but vont déposer sur le sable blanc et lisse de la pensée consciente : peut-être un galet parfaitement poli et rond ou quelque rare coquille du fond de l'océan, peut-être un buccin cannelé, un coquillage de lune (1) ou un argonaute.

Mais il ne faut pas les chercher, encore moins creuser pour les découvrir. Draguer le fond marin n'apporterait rien. La mer

(1) Traduction littérale du nom anglais : *moonshell*, lequel désigne de nombreuses variétés de coquillages du genres polinifès *(Note des traducteurs.)*

n'a pas de récompense pour les avides ou les impatients. Qui fouille fait preuve non seulement d'avidité et d'impatience, mais de manque de foi.

Patience, patience, patience, voilà ce que la mer enseigne : la patience et la foi. Il faut reposer vide, ouvert, aussi neutre que la plage, et attendre que la mer vous offre ses présents.

CHAPITRE II

UN BUCCIN CANNELÉ

JE tiens dans la main une coquille abandonnée : elle a d'abord abrité un buccin, créature comparable à un escargot;

après la mort du buccin, un
bernard-l'ermite est venu s'y établir, puis s'est enfui, laissant la
trace de son passage à la façon
d'une plante qui, en rampant,
creuse un léger sillon dans le
sable. Il s'est enfui en me léguant
la coquille qui l'avait protégé. Je
la tourne et la retourne dans ma
main et j'interroge du regard la
porte grande ouverte par laquelle
il en est sorti. Cette coquille avait-
elle fini par lui peser ? Espérait-il
trouver un meilleur abri, une vie
meilleure ? Moi aussi, je m'en
rends compte, je me suis enfuie;
pour ces quelques semaines de
vacances, j'ai déposé ma coquille.

Mais la coquille du buccin est
simple, nue et si belle. A peu près

de la taille de mon pouce, son architecture est parfaite jusque dans les moindres détails. Enflée comme une poire au centre, elle s'enroule doucement en spirale puis se termine par une pointe. Son or mat a été blanchi par le sel de la mer. Chaque circonvolution, chaque légère protubérance, chaque enchevêtrement de nervures est aussi clairement dessiné sur la coque qu'au jour même de sa création. Avec délices, mes yeux parcourent cette surface courbe qui recouvre le petit escalier en colimaçon où le bernard-l'ermite grimpait.

Ma coquille à moi ne lui ressemble en rien. Quelle apparence négligée que la sienne ! On peut difficilement en reconnaître la forme, tant elle est couverte d'algues et de bernacles. Pourtant elle a dû avoir une forme un jour ; oui, elle l'a même conservée dans mon esprit. Quelle est donc la forme de ma vie ?

★

Cela commence par une famille : un mari, cinq enfants, et une maison juste au-delà des faubourgs de New York. J'ai aussi un métier, celui d'écrivain, et c'est pourquoi je veux continuer à travailler. Evidemment, ma vie a été façonnée par bien d'autres choses encore : mon

passé, mon enfance, mon esprit
et son éducation, ma conscience
et ses impératifs, mon cœur et
ses désirs. Dans mes rapports
avec mon mari et mes enfants,
je veux donner et je veux
recevoir. Je veux entretenir
aussi des échanges avec mes
amis et avec la communauté,
remplir mes devoirs de femme
et d'artiste et de citoyenne.

Mais avant tout — et ce désir-
là est présent dans tous les
autres — je veux être en paix
avec moi-même. Je désire voir
le monde d'un seul regard, avec
des intentions pures, et que ma
vie ait un foyer central d'où
rayonnera la force nécessaire
pour mener à bien toutes les

activités et les obligations qui m'incombent. S'il est permis d'emprunter aux saints leur langage, je dirai que je veux vivre la plus grande part possible de ma vie en état de grâce. Je n'emploie pas ce mot dans son sens théologique. Par état de grâce, j'entends une harmonie intérieure, essentiellement spirituelle, mais capable de se transformer en une harmonie extérieure. Je recherche peut-être ce que Socrate demandait dans sa prière du « Phédon » : « Puissent l'homme intérieur et l'homme extérieur ne faire qu'un. » J'aimerais être en cet état de grâce, de façon à donner comme je le dois et à répondre ainsi au dessein de Dieu.

Cette définition est vague, mais je crois que chacun connaît des moments où il se sent en état de grâce et d'autres où la grâce lui est refusée — peu importe si l'on désigne ces états par d'autres mots. En état de grâce, il semble que l'on accomplisse toutes ses tâches sans effort, comme si l'on était porté par la marée; dans l'état contraire, on arrive avec peine à nouer un lacet de soulier. Je sais bien que la vie consiste pour une bonne part à apprendre à nouer ses lacets avec ou sans état de grâce, mais l'art de vivre a ses techniques et il y en a même pour la recherche de la grâce. Mes expériences personnelles, les exemples que j'ai pu observer et les écrits de ceux qui se sont livrés avant moi à la même enquête m'ont enseigné que certains milieux, certains genres de vie, certains principes de conduite sont plus favorables que d'autres à l'harmonie intérieure et extérieure. L'une de ces routes toutes tracées qui s'offrent à nous est la simplification de la vie.

★

Je voudrais mener une vie simple et choisir une coquille simple que je puisse facilement porter comme un bernard-l'ermite, mais je ne le fais pas. Car le cadre de ma vie ne favorise pas la simplicité. Mon mari et mes cinq enfants doivent faire leur chemin dans le monde. L'existence que j'ai choisie en devenant épouse et mère entraîne toute une suite de complications. Il y a d'abord une maison en banlieue, avec la corvée de ménage imposée à presque toutes les femmes. Puis le marché, les menus, les repas, les courses, les factures, et les mille calculs qu'il faut faire pour joindre les deux bouts. Il n'y a pas à se préoccuper seulement du boucher, du boulanger ou de l'épicier, mais de tous les spécialistes dont nous avons besoin pour tenir en état de marche les diverses « facilités » de la maison : électricité, plomberie, réfrigérateur, fourneau à gaz, chauffage au mazout, machine à laver, postes de radio, voiture, etc. Ensuite la santé : médecins, dentistes, vitamines, pharmacie. L'éducation spirituelle, intellectuelle et physique : écoles, réunions de parents, mise en commun des voitures, allées et venues supplémentaires occasionnées par un entraînement de basket-ball ou par la répétition d'un orchestre, leçons particulières, camps, matériel de camping, transports. Les vêtements : il faut les acheter, les laver, les nettoyer, les raccommoder, défaire des ourlets, recoudre des boutons — ou bien trouver quelqu'un d'autre qui s'en charge.

Enfin, les amis : ceux de mon mari, ceux de mes enfants, les miens et tout ce qu'il faut pour arriver à les voir, depuis les lettres, les cartes d'invitation, les appels téléphoniques, jusqu'à l'auto qui s'en ira les prendre.

Car toute notre vie d'aujourd'hui est fondée sur l'extension indéfinie des contacts humains et des relations sociales. Le bon citoyen est requis non seulement par sa famille, mais par la commune, par la nation et même par la vie internationale. Des pressions de tous genres, les journaux, les revues, les programmes de radio, les campagnes politiques, les œuvres de charité, le maintiennent en état de mobilisation permanente., Le travail d'un trapéziste n'est rien à côté du tour de force que nous autres femmes accomplissons à chaque heure de notre vie. Regardez-nous : une pile de livres sur la tête, nous courons sur une corde raide en tenant bien en main la voiture d'enfant, l'ombrelle et la chaise de cuisine.

Ce n'est pas une vie simple, c'est cette vie multiple contre laquelle les sages nous ont mis en garde. Car elle ne nous conduit pas à l'unité, mais à la fragmentation. Elle ne donne pas la grâce, elle anéantit l'âme. Cette vie est celle de millions de femmes en Amérique. Je mets ici l'accent sur l'Amérique, car c'est surtout la femme américaine qui a la faculté de mener ce genre d'existence. En de nombreux pays d'Occident, la guerre, la misère, la lutte pour la vie ont resserré la femme dans un temps et un espace étroits : ceux de l'existence familiale au jour le jour. L'Américaine est encore à peu près libre d'opter pour une vie non restreinte, mais combien de temps conservera-t-elle ce privilège précaire, nul ne peut le dire. Quoi qu'il en soit, le cas de la femme américaine se rattache à un mal bien plus général.

Car ce n'est pas seulement la femme, mais aussi l'homme américain qui peut s'inquiéter du manque d'unité de sa vie. Et un tel souci ne s'impose pas uniquement aux Américains, mais à toute notre civilisation moderne, puisqu'une grande partie du monde tient pour la vie idéale celle que l'on mène aujourd'hui en Amérique. Ce mal n'est d'ailleurs pas propre à notre civilisation actuelle, bien qu'il ait pris à notre époque une virulence excessive : il a toujours compté au nombre des pièges où l'homme est menacé de tomber. Au IIIe siècle, déjà, Plotin dénonçait les dangers de la multiplicité du monde.

★

Cependant, le problème est avant tout féminin, car la dispersion, la distraction sont inhérentes à la vie de la femme. Il en a été ainsi dans le passé, il en est ainsi aujourd'hui et il en sera ainsi très probablement dans l'avenir.

Etre femme, en effet, c'est avoir des intérêts et des devoirs qui vous tiraillent dans toutes les directions, comme les rayons qui s'écartent du moyeu de la roue. La figure caractéristique de nos vies, c'est le cercle. Nous devons être réceptives de tous les côtés à la fois : mari, enfants, amis, maison, collectivité. Il nous faut être aussi étendues, aussi sensibles qu'une toile d'araignée, de façon à capter chaque souffle qui passe, chaque appel qui vient.

Comme il nous est difficile de trouver parmi ces tensions contradictoires l'équilibre indispensable au bon fonctionnement de nos vies ! Nous éprouvons le besoin de cette stabilité prônée par tous les préceptes de vie sainte, mais combien nous avons de peine à l'acquérir ! Combien il est désirable, mais qu'il est éloigné de nous, l'idéal des contemplatifs — artistes ou saints : un centre vital inviolable, une seule vue sur toutes choses...

Avec une conscience nouvelle, à la fois douloureuse et humoristique, je commence à comprendre pourquoi les saintes ont rarement été des femmes mariées. Je suis convaincue, toutefois, que le fait n'est pas lié, comme j'ai pu le croire jadis, à la chasteté ou à l'enfantement. Non, il est lié à notre dispersion. La nécessité de porter, élever, nourrir et éduquer les enfants, d'entretenir des relations humaines aux sollicitations innombrables, tout ce destin de la femme est contraire à la vie créatrice, à la vie contemplative, à la vie sainte. Je n'évoque pas ici tel sujet d'articles ou de conférences — « La femme et sa carrière », ou « La femme et le foyer », ou « La femme et son indépendance » — mais un problème plus fondamental : comment garder son unité au milieu de toutes les distractions de la vie, comment garder son équilibre en dépit de toutes les forces centrifuges, comment demeurer forte malgré les chocs reçus à la périphérie, qui menacent de rompre le moyeu de la roue?

*

Quelle est la réponse? Il n'y a pas de réponse facile, pas de réponse complète. Je n'apporte ici que des repères ou des symboles d'une vérité, ces quelques coquillages ramassés au bord de l'Océan.

La beauté nue du buccin ne nous engage-t-elle pas à rechercher la simplification de notre vie? Mais comment? Je ne peux pas déposer mes responsabilités. Je ne peux pas passer toute ma vie dans une île déserte. Je ne peux pas non plus vivre comme une religieuse au milieu de ma famille et je ne le voudrais pas.

Ce n'est pas dans le renoncement total que je trouverai une solution et pas davantage dans l'acceptation totale des choses de ce monde. Il faut un équilibre entre ces deux extrêmes ; le balancier de ma vie devra osciller entre la solitude et la société, entre la retraite et le retour. Peut-être mes moments de solitude m'enseigneront-ils quelque chose que je pourrai mettre à profit quand j'aurai repris la vie en société. Je peux essayer, en tout cas, pendant ces deux semaines au bord de la mer, de simplifier ma vie extérieure. La réforme est superficielle, mais déjà je verrai jusqu'où cela me conduira.

Ce qu'on apprend d'abord sur la plage, c'est l'art de déposer le superflu. On n'énumère plus tout ce dont on a besoin, mais tout ce dont on peut se passer. Cela commence par les choses matérielles, puis gagne comme par enchantement tous les aspects de l'existence. D'abord les vêtements : bien sûr, au soleil, il en faut moins. Puis on découvre que de toute façon il n'en fallait pas tant qu'on le pensait. Pas besoin d'une pleine penderie, une petite malle doit suffire. Et quel soulagement ! Moins d'ourlets à défaire ou à refaire, moins de raccommodage et surtout moins de souci de ce que l'on va mettre. On s'aperçoit que l'on a déposé des vêtements, oui, mais aussi de la vanité.

Ensuite le toit : on n'a pas ici le même besoin d'un abri sans fissures qu'en hiver. Je vis dans une villa nue comme un coquillage. Pas de chauffage, pas de téléphone, à peine de plomberie, pas d'eau chaude, un simple fourneau à pétrole et point d'accessoires qui puissent se détraquer. Pas de tapis non plus; il y en avait quelques-uns, mais je les ai tous roulés le premier jour, car on balaye mieux le sable sur le plancher nu. D'ailleurs, je constate que je ne m'affaire plus à épousseter sans cesse : la poussière, je ne la vois plus. Avec le reste, j'ai déposé mon sentiment puritain de la propreté et de l'ordre absolus. Ne serait-il, lui aussi, qu'un fardeau? Pas de rideaux; les pins qui entourent la maison suffisent à me pro-

téger. Les fenêtres toujours ouvertes : je ne veux pas me soucier de la pluie. Je commence à
me libérer de bon nombre d'inquiétudes qui se rattacheraient
à la part choisie par Marthe. Les
housses lavables sont vieilles et
défraîchies? C'est à peine si je
m'en aperçois. Et peu importe
ce que les autres en diront — je
dépose l'amour-propre. Aussi
peu de meubles que possible, je
n'en aurai pas besoin. Je n'inviterai dans ma coquille que les
amis avec lesquels il m'est permis d'être tout à fait moi-même.
Me voilà en train de déposer
l'hypocrisie : quel repos cela va
être! Car il n'y a rien qui nous
épuise comme notre manque de
sincérité, et c'est pourquoi le

monde est si fatigant : on y
porte un masque. J'ai déposé
mon masque.

Je vis donc très bien sans
toutes ces choses qui, en hiver,
me paraissent indispensables.
Malgré la disparité de nos expériences, je pense à ce que me
disait un de mes amis français
qui venait de passer quatre ans
de captivité en Allemagne : évi-
demment, les prisonniers ne
mangeaient pas toujours à leur
faim, on les traitait souvent de
façon odieuse et ils avaient peu
de liberté physique. Mais la vie
de prisonnier lui avait appris
qu'il est possible de se contenter
de peu et qu'une telle simplification engendre une liberté spi-

rituelle et une paix intérieure extraordinaires. Et moi qui n'ai pas, comme cet ami, pratiqué la simplicité par force, ni, comme les moines et les religieuses, par choix, mais qui l'ai découverte par hasard, je goûte aussi vivement qu'eux la sérénité qu'elle procure.

Bravo pour la simplicité, me dira-t-on, mais n'est-ce pas plutôt laid? Car dans les possessions matérielles, nous ne cherchons pas que le confort, la sécurité ou le prestige, mais aussi un beau décor. Votre coquille n'est-elle pas laide et dénudée?

Non, elle est belle, ma maison. Elle est nue, bien sûr, mais le vent, le soleil, l'odeur des pins, parent sa nudité. Des toiles d'araignée voilent les poutres brutes du toit, et je les trouve belles maintenant que je les vois avec des yeux nouveaux : elles adoucissent les lignes dures des chevrons de la même façon que des cheveux gris donnent une nouvelle douceur au visage. Je ne coupe plus les fils blancs de ma chevelure et je n'arrache plus les toiles d'araignée. Quant aux murs, il est vrai qu'ils m'ont paru, d'abord, plutôt sévères. Je me sentais mal à l'aise, arrêtée de tous côtés par leurs visages sans regards. Je voulais y percer des ouvertures, leur donner, à l'aide de tableaux ou de fenêtres, une troisième dimension. Aussi ai-je ramassé sur la plage de grands morceaux de bois gris que le vent et le sable avaient rendus lisses comme du satin, et je les ai traînés jusque chez moi. J'ai rassemblé des treilles vertes aux larges feuilles à bout rouge. J'ai glané les squelettes blanchis des conques, dont les curieuses formes évidées font penser à des sculptures abstraites. J'ai entassé dans les coins tout ce que je n'ai pas cloué sur les murs, et je suis satisfaite du résultat. J'ai un périscope qui donne sur le monde. J'ai une fenêtre, une perspective, de quoi m'envoler de ma base.

Je suis satisfaite. Je m'assois à mon bureau, qui n'est qu'une simple table de cuisine avec un buvard, une bouteille d'encre, un galet comme presse-papier, une coquille de peigne pour y ranger mes plumes. J'ai aussi le bout carré, légèrement rosé d'une conque pour y promener mes doigts, et toute une file de coquillages pour y promener mes rêveries.

J'aime ma maison, ma coquille. Je voudrais y vivre toujours ou bien la transporter chez moi, mais elle ne pourrait pas contenir un mari et cinq enfants, ni tout l'équipement de notre vie de tous les jours. Je ne puis ramener que mon buccin. Je le poserai sur mon bureau et il me rappellera l'idéal d'une vie simplifiée; il m'encouragera à reprendre le jeu auquel je jouais sur la côte, cette sorte de qui perd gagne où l'on ne se grise plus de posséder tant, mais d'avoir besoin de si peu. Il m'incitera à me demander : « Est-ce nécessaire ? » quand je me sentirai tentée d'entasser dans ma vie encore une chose de plus, ou attirée par encore une autre activité centrifuge.

Il ne suffit pas de simplifier le cadre de sa vie : ce n'est que l'extérieur, mais je commence par l'extérieur. Je contemple l'extérieur d'une coquille, l'extérieur de ma vie. Une réponse complète ne peut pas être fournie par l'extérieur, par le choix d'un genre de vie; ce ne sera jamais qu'une technique, un chemin tout fait pour arriver à la grâce : la réponse véritable, je le sais, est toujours à l'intérieur. Mais l'extérieur peut fournir un point de repère qui aide à trouver la réponse véritable. Comme le bernard-l'ermite, nous sommes libres de changer de coquille.

Buccin cannelé, je te repose sur mon bureau, mais grâce à toi mon esprit continue de s'enfoncer dans ses réflexions comme s'il suivait ton escalier en colimaçon.

CHAPITRE III

UN COQUILLAGE
DE LUNE

VOICI une coquille d'escargot, ronde et pleine et aussi luisante qu'un marron d'Inde. Confortable, compacte, elle s'enroule sur elle-même comme un chat. Son lait opaque dans le creux de ma main a un peu de cet éclat rosé du ciel dans les soirs d'été, annonciateur de pluie. Sur cette surface lisse et symétrique se dessine une spirale parfaite, enroulée à l'intérieur vers le centre de la coquille, vers le point noir de son extrémité qui est comme la pupille de l'œil. Il se fixe sur moi, cet œil unique et mystérieux, et je le regarde aussi.

Tantôt c'est la lune ronde et solitaire dans toute sa puissance et toute sa plénitude, tantôt c'est l'œil brillant dans la nuit d'un chat qui marche sans bruit à travers des herbes hautes, et tantôt encore une île encerclée

de brisants, solitaire et qui se
suffit à elle-même.

Quelle merveilleuse chose
qu'une île, une île comme celle
où me voici! Île dans l'espace,
entourée d'immenses étendues
d'eau et que rien ne relie au
reste du monde, ni pont, ni câble,
ni téléphone. Île dans le temps
aussi, car de ces courtes vacances, le passé et l'avenir ont été
retranchés et il n'y reste que le
présent.

L'existence limitée au présent
donne à la vie qu'on mène dans
l'île une fraîcheur et une pureté
extrêmes. C'est une vie d'enfant
ou de saint. Chaque journée, chaque action est elle-même une

île, lavée par le temps et l'espace. Et les gens, eux aussi, deviennent semblables à des îles : indépendants, entiers, tranquilles. Ils respectent la solitude d'autrui, au lieu d'empiéter sur son territoire. « Nul homme n'est une île », a dit John Donne. Il me semble que nous sommes tous des îles dans une mer commune.

En dernière analyse, chacun de nous est seul. Cet état de solitude est inhérent à notre nature et le poète Rilke l'a correctement défini : « On n'a pas le choix : on est seuls. Il est permis de se bercer d'illusions, mais je préfère regarder la chose en face, bien que cela donne le vertige. »

Oui, l'on évite de penser à soi-même comme à un être qui est seul. Nous avons peur de la solitude comme les jeunes filles ont peur de « faire tapisserie » : il semble que nous allons être laissées assises sur nos chaises au dossier droit, pendant que celles que l'on invite tournent sur la piste aux bras de leurs danseurs. Nous avons aujourd'hui une telle peur d'être seuls que cela ne nous arrive jamais. Si la famille, les amis et le cinéma venaient à manquer, il nous resterait la radio et la télévision. Les femmes, qui se plaignaient de leur solitude autrefois, n'ont plus rien à craindre. Même en vaquant aux soins du ménage, il ne tient qu'à nous d'avoir à nos côtés le héros d'un opéra offert par quelque marque de savon. Nos rêveries d'autrefois étaient moins stériles, car elles exigeaient de nous quelque chose et alimentaient notre vie intérieure. Maintenant, au lieu de laisser éclore dans notre solitude la floraison des rêves personnels, nous vivons sous des flots de musique et de bavardage que nous n'écoutons même pas : ils ne sont là que pour remplir le vide. Quand le bruit s'arrête, nulle musique intérieure ne vient le remplacer. Nous devons rapprendre à être seules.

C'est une leçon malaisée, car il est difficile de laisser sa famille et ses amis pendant une heure ou un jour ou une semaine pour s'exercer à l'art de la solitude. Les séparations, même pour un temps limité, sont douloureuses, et il semble d'abord que l'on vous arrache un membre sans lequel on ne saurait vivre. Pourtant, une fois que c'est fait, on s'émerveille de tout ce que la solitude vous apporte de précieux. La vie revient en hâte combler le vide, plus riche, plus éclatante, plus pleine qu'auparavant. En quittant le monde, on a bien perdu un bras, mais, comme pour l'étoile de mer, un autre, tout neuf, repousse aussitôt; on se retrouve entière et ronde — plus entière même qu'auparavant.

Je viens d'être seule toute une journée. Seule, je me suis allongée sur la plage, le soir, sous les étoiles. J'ai préparé seule mon petit déjeuner. Seule encore, je suis allée jusqu'au bout de la jetée, où j'ai regardé les mouettes basculer, tournoyer et plonger à la recherche des miettes que je leur jetais. Une matinée de travail à mon bureau, puis j'ai pris un déjeuner tardif, seule sur la plage. Ainsi séparée des êtres de mon espèce, je me sentais proche du reste de la création : de la timide symphémie qui der-

rière moi se nichait au creux
d'un rocher déchiqueté par les
marées; de la maubèche qui devant moi marchait sans crainte
à petit pas sur le bord luisant
de la plage; des pélicans qui
battaient doucement des ailes
au-dessus de ma tête, portés par
le vent; ou de la vieille mouette,
tapie dans un coin, qui surveil-
lait l'horizon. Je me sentais avec
eux tous une sorte de parenté
impersonnelle. La beauté de la
terre, de la mer et de l'air me
touchait davantage; je me sentais en harmonie avec elle, fon-
due, perdue dans l'univers, perdue comme dans le cantique qui
monte d'une foule inconnue sous
les voûtes d'une cathédrale.

Oui, dans ma solitude, je me sentais plus proche des hommes eux-mêmes. En effet, ce n'est pas la solitude physique, l'isolement physique qui vous sépare des autres, mais l'isolement spirituel. Une île déserte, des rochers sauvages ne vous isolent pas de ceux que vous aimez. C'est dans les régions sauvages de l'esprit et dans les déserts du cœur que l'on se sent perdu, étranger. Quand on est étranger à soi-même, on l'est également à autrui. Si l'on n'est plus capable de se trouver soi-même, on ne peut espérer rejoindre les autres. Que de fois, à la ville, entre amis, j'ai senti qu'un désert s'étendait entre moi et l'autre ! Nous errions en pays aride, n'ayant pas

64

retrouvé nos sources ou les ayant trouvées asséchées. On ne peut communiquer avec ses semblables qu'à la condition d'être soi-même relié à son propre centre vital. Et, pour moi, c'est dans la solitude que je retrouve le mieux cette source intérieure.

Je marchais longtemps sur la plage, très loin, apaisée par le rythme des vagues, par le soleil sur mon dos et mes jambes nues, par le vent sur mon visage et les embruns qui mouillaient mes cheveux. A la façon de la maubèche, je marchais dans les vagues et j'en ressortais. Puis je rentrais, trempée, chancelante, comblée par cette journée solitaire, dans une plénitude comparable à celle de la lune que l'ombre n'a pas encore commencé de rogner, ou à celle d'une tasse que l'on porte à ses lèvres. Il y a dans le sentiment de la plénitude une ivresse que le Psalmiste a exprimée : « Ma tasse déborde. » Soudain, prise de panique, je priais : Qu'il ne vienne personne ! Ce vin précieux serait versé, perdu.

★

Est-ce donc ce qui arrive à la femme ? Elle se déverse, elle se perd. Eternelle nourricière des enfants, des hommes et de la société, tout son instinct la pousse à donner. La moindre occasion, la moindre fissure et son temps, son énergie, sa puissance créatrice vont s'écouler dans les canaux ainsi ouverts. Donner à qui en a besoin, donner tout de suite, c'est ce que traditionnellement on nous enseigne et c'est notre désir instinctif. Eternellement, la femme se déverse au profit de ceux qui ont soif, et elle a rarement le temps, le loisir, la paix nécessaires pour reconstituer ses réserves d'énergie.

Mais qu'importe, dira-t-on, puisque c'est son rôle de donner? Pourquoi, après une journée parfaite sur la plage, ai-je si grand-peur de perdre ce que j'en ai ramené? Et ce n'est pas seulement l'artiste en moi qui a peur, l'artiste dont le destin est d'accumuler et qui craint toujours de se déverser goutte à goutte : non, c'est la femme aussi, en moi, qui éprouve cette avarice inattendue.

Il y a là un curieux paradoxe. Son instinct pousse la femme à donner, et pourtant elle est irritée de se donner ainsi par bribes. Il me semble que la femme ne craint pas tant de se fragmenter que de se donner inutilement. Nous n'avons pas tellement peur de voir notre énergie s'écouler par mille petits canaux que de la voir partir à l'égout. Les résultats de ce que nous donnons ne nous apparaissent pas aussi clairement qu'à un homme le résultat de son travail. Dans le métier de maîtresse de maison, il n'y a ni les augmentations de salaire ni les louanges pour faire naître le sentiment d'avoir atteint le but. En dehors de l'enfant, ce que la femme crée reste souvent invisible, surtout à présent. Nous nous efforçons de mettre en forme les innombrables détails disparates dont sont faits le travail ménager, la vie familiale et la vie sociale. Cet enchevêtrement de besognes domestiques, de courses, de relations humaines, mérite-t-il le nom de création? C'est à peine si l'on peut en parler comme d'une activité réfléchie, tant y est grande la part de l'automatisme. La femme commence à se sentir une sorte de central téléphonique ou de robot.

Le dévouement réfléchi ne vous démunit pas de la même façon : il appartient à un ordre naturel de phénomènes où l'on dirait que les réservoirs se remplissent à mesure qu'ils se vident. Tout comme une mère qui allaite son enfant, il semble que plus on donne, plus on est capable de donner. Dans l'Amérique des pionniers ou dans l'Europe de la dernière guerre, le dévouement de la femme, si difficile qu'il fût, était conscient et indispensable. Mais au sein de notre confort et de notre aisance d'aujourd'hui, bien des femmes ne se sentent plus guère indispensables, ni comme combattantes dans la lutte pour la vie ni dans le rôle d'inspiratrices de la vie familiale. N'étant plus nourries du sentiment d'être irremplaçables, nous avons faim, mais ne sachant pas quelle est cette faim, nous avons recours, pour combler le vide, à toutes les distractions qui sont à notre portée : courses inutiles, devoirs forcés, mondanités vides. Et soudain la source se trouve tarie, le puits est à sec.

Le sentiment d'être indispensable ne suffirait d'ailleurs pas à lui seul à rétablir notre équilibre vital. Même le don de soi

le plus utile a besoin d'une source
où l'on puisse se refaire. Du
lait dans le sein, cela suppose
de la nourriture dans le corps.
Et s'il faut que la femme puisse
donner, il faut aussi qu'elle
puisse se reconstituer. Mais
comment?

Par la solitude, répond le
coquillage de lune. Chacun, mais
surtout chaque femme, devrait
réserver à la solitude une partie
de l'année, de la semaine, de la
journée. A bien des femmes un
tel programme paraîtra tout à
fait hors de portée. Elles n'ont
ni excédent de budget à consacrer à des vacances solitaires, ni
temps disponible pour une journée de liberté et, après avoir

nettoyé, lavé, cuisiné tout le jour, il ne leur reste pas l'énergie nécessaire à une heure de méditation.

Serait-ce un problème d'ordre économique? Je ne le crois pas. Quel que soit son métier, tout salarié a droit à un repos hebdomadaire et à des vacances annuelles. Les mères de famille, les ménagères sont les seuls travailleurs à ne pas bénéficier de congés réguliers. Elles forment la grande classe des « sans vacances » et, pour la plupart, ne s'en plaignent même pas. Selon toute apparence, elles n'estiment pas qu'un peu de temps pour elles-mêmes répondrait à un besoin légitime.

Il y a là un élément essentiel du problème. Si les femmes étaient convaincues que la solitude est un besoin légitime, elles trouveraient bien le moyen de faire triompher cette revendication. Mais nombre de femmes pourvues d'argent, de temps et d'énergie, ne s'accordent cependant rien de plus que les autres. C'est la preuve que l'absence de conviction intime joue ici un rôle plus décisif que les obstacles d'ordre économique ou que la résistance du milieu.

On ne peut pourtant pas nier que cette résistance existe. La recherche de la solitude se heurte à une opposition invisible, qui est aussi omniprésente et démoralisante que l'humidité d'un après-midi d'août. Le monde actuel ne comprend pas plus chez l'homme que chez la femme le besoin d'être seul.

N'importe quelle excuse est mieux acceptée que celle-là. Le temps qu'on se réserve pour aller à un rendez-vous d'affaires ou chez le coiffeur ou à une réception, ou tout simplement pour faire des courses, est reconnu par chacun comme inviolable. Mais si vous dites : « Non, je regrette, c'est mon heure de solitude », on vous taxera de mauvaise éducation, de narcissisme, de bizarrerie. Quel jour cela jette sur notre société, où la solitude paraît suspecte, où il faut s'en excuser, la camoufler, la traiter comme un vice secret!

Et pourtant les heures de solitude comptent parmi les plus importantes de la vie. A certaines sources nous n'avons accès que dans la solitude. L'artiste sait qu'il doit être seul pour créer, l'écrivain pour diriger le cours de ses pensées, le musicien pour composer, le religieux pour prier. Et c'est dans la solitude que les femmes peuvent retrouver l'essence véritable de leur être, ce fil résistant qui sera nécessaire à toute la toile des relations humaines. Elles doivent trouver cette tranquillité intérieure que Charles

76

Morgan définit ainsi : « L'apaisement de notre âme au milieu des activités de l'esprit et du corps, de façon qu'elle demeure immobile comme le moyeu d'une roue. » Cette image, les femmes devraient la garder devant les yeux. C'est là le but que nous devrions rechercher : être l'axe immobile au centre de la grande roue en mouvement de nos rapports humains, de nos obligations et de nos activités. La solitude ne fournit pas la solution complète du problème; c'est seulement une étape, comme cette « pièce réservée » qui a été réclamée pour les femmes à une époque où elles n'avaient pas encore pu conquérir une place dans le monde. Si nécessaire et si difficile que cela puisse être, le problème n'est pas uniquement de se réserver de l'espace ou du temps : il est bien davantage d'apaiser l'âme au milieu de ses activités ou, en d'autres termes, de la nourrir.

Car ce n'est pas l'organisation sociale qui est en défaut, c'est plutôt l'esprit de la femme qui se dessèche. D'un point de vue matériel, la femme a beaucoup gagné depuis quelques générations. Il est certain que notre vie est maintenant plus facile, plus libre, plus ouverte aux occasions de tout genre, et nous le devons pour une part aux batailles livrées par le féminisme. La pièce réservée, l'heure

de solitude, sont maintenant ac-
cessibles à une classe économique plus nombreuse que jamais. Mais nos conquêtes sont
insuffisantes, car nous n'avons
pas encore appris à en faire
notre profit.

Les féministes n'ont pas cher-
ché si loin; elles n'ont pas énoncé
des principes de conduite. A
leurs yeux, il suffisait de reven-
diquer des droits. Comme dans
toute conquête sociale, le soin
de voir ce que l'on ferait de ces
droits était laissé à la génération suivante. Et la femme cherche toujours. Nous avons conscience de notre faim, de nos
besoins, mais nous ne savons
pas encore comment les satis-

faire. Disposant de plus de temps libre, nous l'employons plus souvent à épuiser nos réserves qu'à les renouveler. Nous nous jetons inconsidérément dans les comités et les croisades. Ne sachant comment nourrir l'esprit, nous essayons de tromper sa faim avec des distractions. Au lieu de tenir immobile l'axe de la roue, nous multiplions les activités centrifuges qui tendent à nous faire perdre l'équilibre.

En même temps que nous avons réalisé des progrès matériels, nous avons reculé dans l'ordre spirituel. Autrefois, il y avait dans la vie de la femme des forces qui l'aidaient à se centrer. Dans sa réclusion, il y avait place pour des heures de solitude. Nombre de ses tâches favorisaient la contemplation, l'unification de l'être, et elle consacrait plus de temps à des activités créatrices. Or, toute activité créatrice, si humble soit-elle, comme de coudre ou de faire la cuisine, enrichit la vie intérieure. Cuire le pain, tisser la toile, préparer des conserves, instruire les enfants et leur chanter des chansons, tout cela devait être beaucoup plus profitable que de faire le chauffeur de la famille, d'errer dans un Prisunic ou de mettre en marche des appareils ménagers. Le soin du ménage comporte de moins en moins d'art et de métier, mais les besognes mangeuses

de temps sont loin d'en avoir été
éliminées. Dans la vie de la maison, comme dans le reste de
l'existence, le rideau de la méca-
nisation s'est abattu entre le cer-
veau et la main.

L'église a toujours aidé les
femmes à retrouver l'équilibre
intérieur. Elles ont de tout temps
profité de cette heure de tranquillité que rien ne vient inter-
rompre pour refaire leur unité.
Ce n'est pas étonnant que la
femme ait toujours été le pilier
de l'église : là, elle trouvait tout
à la fois l'espace réservé, l'heure
de solitude, la tranquillité et la
paix, avec la pleine approba-
tion de sa famille et de la collectivité. Là, personne ne venait

la déranger : ni enfant, ni mari, ni servante. Là, enfin et surtout, elle se retrouvait « entière », elle n'était plus éparpillée en mille fonctions. Elle pouvait se donner sans réserve à cette heure d'adoration, de prière et de communion et se sentir acceptée totalement. Son offrande et l'acceptation de son offrande la renouvelaient : les sources débordaient de nouveau.

Jamais hommes et femmes n'ont eu si grand besoin de l'église, comme le prouve le nombre toujours croissant des fidèles. Mais ceux qui vont à l'église sont-ils toujours aussi prêts qu'autrefois à se donner à elle et à recevoir son message ? Notre vie quotidienne ne nous prépare pas au recueillement. Si bienfaisante soit-elle, cette heure unique passée à l'église une fois la semaine ne peut compenser toutes les heures de distraction parmi lesquelles elle est noyée. Si nous avions notre heure de méditation à la maison, nous serions peut-être mieux préparés à faire notre offrande à l'église et à nous renouveler. Ce sont ses aspirations insatisfaites à l'équilibre et à l'unité qui poussent la femme moderne vers des dérivatifs toujours plus nombreux et d'illusoires aventures sentimentales, ou bien vers les havres des maisons de santé et des cabinets de médecins.

La solution n'est pas de revenir en arrière, de ramener la femme au foyer en lui remettant à la main l'aiguille et le balai. Certains appareils ménagers nous procurent une économie de temps et d'énergie qui est réelle. Mais il s'agit de ne pas se dissiper en occupations inutiles, de ne plus s'encombrer d'objets qui ont la prétention de simplifier notre vie alors qu'ils la compliquent, de cesser de multiplier les possessions dont nous ne faisons rien.

La vie actuelle de la femme se rapproche de plus en plus de l'état que William James a si bien qualifié par le mot allemand de « Zerrissenheit » : le

« déchirement en morceaux ». La femme ne peut pas vivre indéfiniment dans le déchirement. Il nous faut, au contraire, cultiver des activités capables de compenser les forces centrifuges de la vie moderne. Nos armes seront le calme, la solitude, la méditation, la prière, la musique, un programme cohérent de pensée ou de lecture, d'étude ou de travail. Notre activité pourra être physique, intellectuelle ou artistique, pourvu qu'il s'agisse d'une activité créatrice, née de la personnalité. L'œuvre que nous entreprendrons n'aura pas besoin d'être grandiose, mais il faut qu'elle nous appartienne en propre.

On peut préparer en soi la réserve de paix nécessaire à une journée surchargée en arrangeant un vase de fleurs le matin, de même qu'en écrivant un poème ou en disant une prière. Ce qui importe, c'est de prêter un moment d'attention à sa vie intérieure.

Solitude, murmure le coquillage de lune. Le chemin qui mène à la possession de soi va vers le dedans, dit Plotin. La cellule de la connaissance de soi est l'étable où le pèlerin doit renaître, dit sainte Catherine de Sienne. Ces voix du passé formulent des préceptes que nous pouvons suivre aujourd'hui dans un esprit différent, avec pleine conscience et les yeux grands ouverts. En d'autres temps, se tourner vers l'intérieur, c'était obéir à l'esprit de son époque, et l'on pouvait avoir le sentiment de faire comme tout le monde. Aujourd'hui, au contraire, une telle attitude est devenue révolutionnaire, car presque toutes les influences que nous subissons nous orientent vers le dehors.

La femme doit être la première à se tourner de nouveau vers l'intérieur. Dans ce domaine, elle fait figure de pionnier. Jusqu'à la dernière génération, elle ne pouvait guère se livrer à des occupations extérieures et les limites mêmes de son existence l'obligeaient à regarder vers le dedans. Elle y gagnait une force que l'homme, dans sa vie active, ne trouvait pas toujours. Au cours de ses récents efforts d'émancipation, elle a été tout naturellement entraînée à faire concurrence à l'homme dans les activités extérieures afin de lui prouver qu'elle est son égale. Nous avons été tentées d'abandonner l'éternelle force intérieure de la femme pour la force extérieure et temporelle de l'homme. La force virile fait partie de l'ordre éternel des choses, mais il semble que le règne des forces extérieures, des solutions extérieures, soit en décadence. Les hommes, eux aussi, sont obligés

maintenant de regarder vers
l'intérieur afin de trouver
d'autres solutions. Un tel changement marque peut-être une
nouvelle étape dans la maturité
de l'homme occidental, cet acti-
viste et ce matérialiste. Com-
mencerait-il à comprendre que
le royaume des cieux est au-
dedans?

« Polinifès », coquillage de
lune, qui t'a ainsi nommé? Il
me plaît de supposer que ce
fut quelque femme intuitive.
J'aimerais te donner un autre
nom : coquillage de l'île. Je ne
peux pas vivre toujours dans
cette île, mais je te ramènerai
à la maison et te poserai sur
mon bureau d'où ton œil unique

se fixera sur moi. Tes lignes douces qui s'enroulent en spirale me feront penser à l'île où j'aurai vécu ces quelques semaines. Tu me diras tout bas le mot de solitude. Tu me rappelleras que je dois essayer de vivre seule une partie de l'année — une semaine ou seulement rester seule une partie de la journée — une heure ou seulement quelques minutes — afin de conserver ma qualité d'île, de cœur, de centre. Tu me rappelleras que si je ne sais pas garder cette qualité intacte, je n'aurai rien à donner à mon mari, à mes enfants, à mes amis ou même au monde. Tu me rappelleras que la femme doit rester immobile comme le moyeu

d'une roue au milieu de ses activités, et être la première à conquérir la paix intérieure, d'abord
pour son propre salut, mais
aussi pour celui de la famille, de
la société et peut-être de notre
civilisation.

CHAPITRE IV

UN DOUBLE
SOLEIL LEVANT

JE n'ai pas trouvé moi-même cette coquille; elle m'a été offerte par un ami. On ne rencontre pas souvent un double soleil levant d'une structure aussi parfaite. Ses deux valves sont exactement semblables. Comme des ailes de papillon, elles portent le même motif : trois lignes roses qui s'échappent d'une charnière dorée et s'étalent en éventail sur la blancheur translucide de la coque. Entre mes doigts, je tiens deux levers de soleil. Douce coquille, intacte, immaculée, comment ta perfection fragile a-t-elle pu résister aux brisants qui déferlent sur la plage?

Cette coquille rare ne m'a pas été vendue, mais donnée. C'est le genre de cette île : des étrangers vous sourient sur la plage, viennent vous offrir un coquillage, comme cela, sans raison, puis s'éloignent et vous laissent à nouveau seule. Ils n'attendent rien en échange et leur geste ne marque pas un début de relations sociales. L'offre est faite librement, librement acceptée, dans une confiance mutuelle. Les gens vous sourient comme des enfants, sûrs qu'ils ne seront pas repoussés et qu'un sourire leur sera rendu. Le sourire, le rapport qu'il crée, restent suspendus dans l'espace, dans la pureté du présent, comme la mouette sur un souffle d'air.

★

Quelle beauté il y a dans un rapport humain à l'état pur, mais que c'est fragile! Comme il sera vite abîmé par de menues erreurs ou alourdi par la vie elle-même, par l'accumulation de la vie et du temps! Qu'il s'agisse d'un ami, qu'il s'agisse d'un mari ou d'un enfant, une relation à son début est toujours pure, simple, légère. C'est la fleur de l'amour avant qu'elle ait été métamorphosée en fruit, en un fruit lourd de responsabilités. Les premiers regards de l'amour, de l'amitié ou d'une sympathie mutuelle, même si celle-ci ne se manifeste que par une conversation animée au travers d'une table, semblent créer un monde en soi. Deux personnes qui se parlent et qui s'écoutent font un monde à elles deux. Dans l'unité parfaite de cet instant, il n'y a rien d'autre : ni d'autres êtres, ni d'autres choses ou intérêts. Un tel moment est libéré de tous liens, de toutes revendications ou responsabilités, étranger aux soucis de l'avenir autant qu'aux obligations du passé.

Que cette unité parfaite ne saurait rester longtemps préservée, que la relation évolue, devient plus complexe et s'alourdit

au contact du monde, cela est
vrai aussi bien dans le cas d'un
ami, d'un enfant ou d'un époux,
mais c'est surtout dans le mariage que la chose est sensible,
parce que le mariage est la relation la plus profonde et la plus
difficile à maintenir, et aussi
parce que nous nous imaginons,
bien à tort, que c'est une tragédie de ne pouvoir lui conserver
sa forme originelle.

Certes, le début d'un amour
est beau. Oubliant l'été qui doit
venir, on voudrait prolonger ce
printemps où deux êtres sans
passé ni avenir sont en présence
l'un de l'autre; on répugne à
tout changement. Toutefois, pas
plus que le désir, l'amour ne

100

peut se prolonger toujours avec l'intensité des premiers ravissements. Il doit nécessairement se transformer. De même que l'on se réjouit de voir l'été succéder au printemps, on devrait accepter avec joie ces développements naturels. Mais il faut réagir contre tous les poids morts dont nous nous encombrons, contre l'encroûtement des valeurs fausses et des habitudes. Il faut sans cesse racler ces épaisseurs sous lesquelles la vie et l'amour s'asphyxient.

Si l'homme et la femme, toujours plus absorbés par leur rôle respectif, gardent l'un comme l'autre quelque regret des premiers temps de leur union, ce n'est cependant pas la même chose qui leur manque L'homme est privé plus souvent que la femme d'échanges vraiment personnels, mais il a de meilleures chances de trouver dans son travail l'occasion de jouer un rôle créateur. La femme a plus souvent la possibilité d'échanges personnels, mais cela ne suffit pas à éveiller le sentiment de son identité créatrice, à faire d'elle à ses propres yeux une personne qui a quelque chose à dire ou à donner.

L'homme et la femme ont l'un et l'autre conscience de cette transformation de leurs rapports initiaux, et plus la vie passe en se compliquant, plus ils ont la nostalgie du passé. Entre eux s'est établie une division des rôles beaucoup plus marquée, chacun se laissant accaparer par sa fonction propre : l'homme par son travail au-dehors, la femme par ses occupations au foyer. Pour l'un comme pour l'autre, travail et occupations tendent à prendre la place de l'union qui d'abord les avait complètement absorbés. Mais la femme retrouve à chaque nouvel enfantement une relation personnelle qui l'absorbe tout entière et qui, par là, rappelle les premiers temps de l'amour. La vie simple et protégée de ces premières journées qui suivent l'accouchement est comparable au cercle magique de l'amour, où

deux êtres ne vivent que l'un
pour l'autre. Le ciel tranquille
se reflète sur le visage de la
femme allaitant son enfant.
Toutefois, ce bref intermède ne
remplacera pas l'union plus
complète dont elle a gardé la
nostalgie.

*

Ces deux partenaires, qui
éprouvent des aspirations différentes et méconnaissent chacun
les aspirations de l'autre, sont
en grand danger de se tourner
le dos et même d'aller vers de
nouvelles aventures sentimentales. Chacun est tenté d'incri-

miner l'autre et de se figurer qu'un nouveau partenaire plus compréhensif apportera le remède à ses maux.

Une nouvelle union pourra donner l'illusion d'une harmonie plus parfaite, puisqu'elle n'en sera qu'au premier stade, mais elle n'apaisera pas la faim de l'homme ou de la femme. Une aventure sentimentale ne saurait restituer le sens de l'identité personnelle. Bien sûr, on se l'imagine; on se figure qu'aimé enfin pour ce qu'on est réellement, et non plus pour l'ensemble de fonctions que l'on représente, on retrouvera son moi profond. Mais peut-on vraiment se trouver en quelqu'un d'autre?

dans l'amour de quelqu'un d'autre? ou même dans le miroir qu'un autre vous présente? Comme l'a dit Eckhart, on ne peut trouver sa propre identité « qu'en marchant sur son propre terrain et en se connaissant soi-même ». On la trouve dans une activité créatrice qui jaillit du dedans. Et l'on ne se trouve qu'en se perdant. La femme ne se retrouvera jamais aussi bien qu'en se perdant dans une acti-vité créatrice qui lui soit propre. Elle y puisera sa vraie force, celle dont elle a besoin pour résoudre la seconde moitié du problème : celui de faire renaître dans son mariage un rapport humain à l'état pur. Car un tel rapport ne peut être retrouvé

que par un être qui s'est d'abord
retrouvé lui-même.

★

Comment reconstituer le coquillage du double soleil levant
une fois que ses deux valves ont
été séparées? Il est clair que
certains rapports humains ne
peuvent pas se reformer. Il ne
s'agit pas seulement de besoins
différents à comprendre ou à
satisfaire. Au cours de leur évolution, les deux partenaires auront pu prendre des directions
opposées, ou bien ils n'auront
pas gardé la même allure. Peut-
être n'étaient-ils capables que

d'offrir une incarnation éphémère du double soleil levant. Cet
épisode était pour eux une fin
en soi, non le début de rapports
humains plus profonds. Mais
quand de tels rapports humains
se sont au contraire établis et
développés, l'essence originelle
d'un amour n'est pas perdue, elle
est seulement cachée, recouverte
par tout ce que la vie a déposé
sur lui. Le noyau de réalité est
resté vivant; il suffit de le déga-
ger.

Un des moyens de faire resur-
gir le double soleil levant, c'est
de répéter certaines des circons-
tances qui ont accompagné sa
première apparition. Un mari
et une femme devraient prendre

des vacances « seuls », mais également prendre des vacances « seuls ensemble ». La plupart des gens mariés ont connu un jour ou l'autre la joie inattendue que procurent de telles vacances. Comme ç'avait été bon de quitter la maison, les enfants, le métier et toutes les obligations de la vie quotidienne et de partir à deux pour un mois ou un week-end ou même pour une seule nuit! On avait eu la surprise de voir se répéter le miracle des commencements de l'amour. Quel plaisir de prendre le petit déjeuner en tête à tête avec l'homme dont, plusieurs années auparavant, on s'était éprise! On a la joie de n'être que deux à une toute petite table, alors que la table familiale est devenue si grande. Et chez soi l'on se sent maintenant harcelée de tous côtés, avec quatre ou cinq enfants, le téléphone qui sonne dans l'entrée, deux ou trois autobus d'école à ne pas rater, sans parler des trains de banlieue. Lorsque les époux sont en tête à tête à la même table, il n'y a plus entre eux qu'un pot de café, des petits pains et de la confiture — plaisir bien élémentaire, mais que la plupart des femmes ne goûtent qu'en de rares occasions au cours d'une vie.

Le retour à de tels moments d'intimité me paraît non moins indiqué avec les enfants. Tout en jouant avec mon coquillage

du soleil levant, je me disais
qu'il faudrait passer un certain
temps seule avec chacun de ses
enfants : non seulement une partie de la journée, mais une partie
du mois et de l'année. Ils y ga-
gneraient, ils en seraient plus
heureux, plus forts et finalement plus indépendants parce
que plus sûrs d'eux-mêmes.
Chaque enfant ne regrette-t-il
pas en secret le lien qui l'unis-
sait à sa mère lorsqu'il était
« le bébé », lorsque la chambre
se refermait sur eux et que,
seule avec lui, elle le nourrissait
de son lait? Si nous pouvions
passer plus de temps seule avec
chacun de nos enfants, n'en tire-
raient-ils pas non seulement un
surcroît de sécurité et de force,

mais aussi des enseignements qui les aideraient plus tard dans leurs relations d'adulte?

★

Nous aspirons tous à être aimés seuls.

> Sous le pommier ne t'assois pas
> Avec autre que moi

dit une vieille chanson populaire. Peut-être est-ce là, comme l'affirme le poète Auden, l'erreur fondamentale de l'humanité :

> Cette erreur enracinée
> En chaque homme et chaque femme
> Qui les pousse à désirer
> Ce qui jamais n'est donné :
> Non l'amour universel,
> Mais d'être seul aimé.

112

Est-ce donc un tel péché? Un philosophe hindou avec qui je parlais de ce poème m'a fait une réponse qui éclaire tout le problème.

Il est normal d'avoir le désir d'être aimé seul, m'a-t-il dit, car la réciprocité est l'essence même de l'amour et dans la réciprocité il ne peut y avoir « d'autres ». C'est seulement « dans le temps » que nous avons tort : lorsque nous désirons la continuité de cet amour exclusif.

Car non seulement nous voulons croire au mythe romanesque du « seul et unique » — le seul et unique amour, le seul et unique compagnon, la seule et unique maman — mais nous voulons que ce seul et unique soit permanent et toujours présent. C'est le désir de la continuité dans l'amour qui me paraît être « cette erreur enracinée en chaque homme et chaque femme ». Comme l'a dit un jour un de mes amis, l'être seul et unique n'existe pas : ce qui existe, ce sont des moments où nous éprouvons le sentiment du seul et unique.

Il est normal de vouloir retrouver ce sentiment, fût-ce brièvement. Le moment passé devant les petits pains et la confiture, les heures où l'on allaite un enfant, celles où, plus tard, on fait avec lui une course sur la plage, où l'on cherche ensemble des coquillages, où l'on astique des marrons, toutes ces choses ont leur valeur, mais il ne faut pas se figurer qu'elles puissent durer toujours.

Car un rapport humain à l'état pur ne peut pas être permanent et l'on finit par se dire que ce ne serait même pas souhaitable. L'essence d'un tel rapport humain est exclusion. Sa permanence impliquerait l'exclusion du reste de la vie : de toutes autres relations, de tous autres aspects de la personnalité, de toutes autres responsabilités, de toutes autres possibilités d'avenir. Or, les autres enfants sont là, frappant à la porte fermée, et ils ont droit, eux aussi, à l'amour de leur mère. Le téléphone sonne dans la pièce voisine et l'on veut aussi parler à ses amis. Et après les petits pains, il y a le prochain repas, il y a la vie qui continue. Cela ne veut pas dire que ce soit une perte de temps de refaire ces brèves expériences de solitude à deux. La lumière qui éclaire la table du petit déjeuner en tête à tête va illuminer la journée et de nombreux jours à venir. Comme un plongeon dans la mer, la course que nous faisons sur la plage renouvelle notre jeunesse. Mais nous ne sommes plus des enfants et la vie n'est pas une plage.

On finit par accepter le fait
qu'il n'y a pas de retour permanent à une relation humaine passée et même qu'il est vain de
vouloir maintenir une relation
humaine dans une forme unique.
Ce n'est pas une tragédie, cela
est lié à l'essence même de la
vie, qui est croissance et méta-
morphose. Tout rapport humain
est emporté dans une suite sans
fin de changements et se donne
inlassablement des formes nouvelles, car il n'en existe pas une
seule qui puisse convenir à tous
ces changements. Pour chaque
phase, il y a des formes différentes, des coquilles différentes
que je puis aligner sur mon
bureau comme les emblèmes des
étapes successives du mariage —

du mariage ou de tout autre rapport humain.

Vient d'abord le coquillage du
double soleil levant. Il représente bien la première étape :
deux moitiés parfaites, réunies
par une charnière, se touchant
en tous points, avec l'aurore
d'un jour nouveau pour éclairer
chacune d'elles. Ce monde en
soi, n'est-ce pas ce que les
poètes ont toujours voulu évo-
quer :

Et maintenant, bonjour à nos âmes qui
[s'éveillent !
Elles ne se guettent pas l'une l'autre
[avec crainte
Car qui aime ne peut aimer d'autres
[visages
Et d'un réduit Amour fait l'univers.

118

Que les navigateurs découvrent
[d'autres terres,
Que les cartes, à d'autres, offrent
[monde sur monde,
Nous deux n'ayons qu'un monde : un
[chacun, c'est un seul.

John Donne parle d'un « réduit » ; son amour est enclos dans un petit monde qu'il devra inévitablement et harmonieusement dépasser. Il est beau, il est éphémère, le soleil levant, et il n'est pas, pour autant, illusoire : car le plus ou moins de durée n'est pas la pierre de touche qui distingue le vrai du faux. Le prix d'une chose ne s'évalue pas en fonction du temps, il est sans rapport avec sa durée ou sa permanence. La valeur du soleil levant est immense : il a le prix de la beauté qui passe.

CHAPITRE V

UNE COQUILLE
D'HUITRE

POURTANT, dans le
mariage, nous désirons la durée
et la continuité : ne sont-elles pas
l'essence même de l'union con-

jugale? Mais continuité ne veut pas dire absence d'évolution et l'union conjugale ne gardera pas nécessairement pour emblème le double soleil levant. Aux co- quilles qui s'alignent déjà sur mon bureau je puis en ajouter d'autres, qui symboliseront des étapes nouvelles. En voici une que j'ai ramassée hier. Il y en a beaucoup de cette espèce sur la plage, mais chacune a son carac- tère particulier. On n'en trouve pas deux qui soient exactement semblables. Chacune d'elles a été définie et formée par sa pro- pre vie et le combat qu'elle a dû livrer pour survivre. C'est une huître que je tiens et d'autres petits coquillages adhèrent à son dos voûté. Anfractueuse, ravinée, elle a l'irrégularité d'un être en croissance. Elle me fait penser à une maison abritant une famille nombreuse et qui a dû s'agrandir peu à peu pour contenir cette vie foisonnante : ici le dortoir des enfants, là leur véranda, ici un garage pour une voiture supplémentaire, et là un hangar pour les bicyclettes. Cette coquille m'amuse, car elle ressemble beaucoup à ma vie actuelle, à la vie de la plupart des femmes qui, comme moi, sont mariées depuis bon nombre d'années : elle est désordonnée, chargée d'éléments surajoutés, étalée dans toutes les directions; à l'état vivant (celle-ci est vide et rejetée par la mer), elle s'accroche solidement à son rocher.

★

Oui, je crois que la coquille de l'huître symbolise admirablement les années médianes du mariage. Elle évoque le combat de la vie. L'huître a lutté pour obtenir sur le rocher cette place à laquelle elle s'est ensuite parfaitement adaptée et où, tenace, elle se cramponne. De même, la plupart des couples doivent passer les premières années de leur mariage à se faire une place dans le monde. C'est d'abord une lutte d'ordre purement physique et matériel pour un foyer,

126

pour des enfants, pour une place dans la société. Une telle vie ne laisse guère le temps de s'asseoir à table l'un en face de l'autre! Au cours de ces années-là on reconnaît la justesse du mot de Saint-Exupéry : « Aimer, ce n'est point nous regarder l'un l'autre, mais regarder ensemble dans la même direction. » En fait, non seulement l'homme et la femme regardent ensemble vers le dehors, mais ils travaillent vers le dehors, ils s'étendent sur le rocher. C'est au cours de cette période que l'on prend racine, que l'on se donne une base solide et que l'on devient partie intégrante de la société humaine.

Et c'est le moment où se forment les liens du mariage. Car le mariage, dont on parle toujours comme d'un lien, devient alors un ensemble de liens, une toile tissée de fils de nature et de force différentes. Cette toile est l'œuvre de l'amour, mais de plusieurs sortes d'amour : l'amour romantique d'abord, ensuite cet amour qui est le jeu de deux camarades, puis la lente croissance de la tendresse. Faite de fidélités, de dépendances mutuelles, d'expériences partagées, elle entrecroise les souvenirs de nos ententes et de nos désaccords, de nos triomphes et de nos déceptions. Elle est communication, langage commun du couple, et elle est aussi acceptation par le couple de l'impossibilité de communiquer, acceptation de l'absence d'un langage commun. Elle est connaissance de goûts et de dégoûts, d'habitudes et de réactions physiques et morales. Son tissu est fait d'instincts et d'intuitions, d'échanges voulus ou inconscients; c'est l'intimité des deux époux qui vivent jour après jour l'un à côté de l'autre, qui regardent ensemble et travaillent ensemble dans la même direction; elle s'étend dans l'espace et dans la durée, elle se confond avec la substance même de la vie.

Le lien de l'amour romantique, c'est tout autre chose. Il n'a pour ainsi dire aucun rapport avec l'intimité, l'habitude, l'espace, le temps ou la vie elle-même. Comme un arc-en-ciel, comme un regard, il s'allonge au-dessus de tout cela. C'est le lien de l'amour romantique, et lui seul, qui tient réunies les deux moitiés du double soleil levant. Si la tempête déchire ce lien fragile, rien ne les maintiendra plus ensemble. Mais lorsque le mariage est arrivé à l'étape de la coquille d'huître, l'amour romantique n'est plus qu'un des nombreux fils de la toile complexe et solide que deux êtres ont tissée ensemble.

J'aime beaucoup ma coquille d'huître. Elle est humble, gauche et laide. Gris ardoise, dépourvue

de symétrie, elle n'a pas été
créée pour être belle, mais pour
remplir une fonction. Je me mo-
que de ses bosses, je suis agacée
parfois de ses excroissances,
mais sa ténacité, son aptitude
à se transformer sans cesse, in-
fatigablement, sont pour moi un
sujet constant de surprise et d'admiration et il m'arrive même
d'en être touchée aux larmes.
Elle est familière et confortable
comme de vieux gants qui se
sont parfaitement adaptés à la
main. Je voudrais ne jamais la
quitter.

Mais la coquille d'huître peut-
elle être le symbole permanent

du mariage? Pas plus que le double soleil levant, elle ne saurait durer toujours. La marée de la vie, elle aussi, a son reflux. La maison, avec ses chambres d'enfants et ses abris surajoutés, va se vider peu à peu. Les enfants s'en vont d'abord vers l'école, puis vers le mariage et vers des vies qui ne seront qu'à eux. Quand ils arrivent à un certain âge, la plupart des gens se sont conquis une place dans le monde ou bien ils ont renoncé à la conquérir. Cette terrible ténacité avec laquelle on agrippe la vie, les êtres, les lieux, les biens matériels, n'est peut-être plus aussi nécessaire qu'au temps où l'on luttait pour assurer sa sécurité ou celle de ses enfants. La coquille a-telle encore besoin de rester aussi fortement soudée au rocher? Il arrive aux gens mariés, lorsqu'ils atteignent un certain âge, de s'apercevoir qu'ils vivent dans une coquille qui date, dans une forteresse qui a survécu à sa raison d'être. Que faut-il faire alors? Se laisser gagner par l'ankylose au milieu de ce cadre dépassé? Ou bien déménager, s'en aller vers un autre cadre et des expériences nouvelles?

Et si c'était le moment de retourner au monde simple, replié sur soi, du double soleil levant? Enfin seuls devant les petits pains et la confiture?

Non, nous ne pouvons pas retourner à ce monde si étroi-

tement fermé. Nous avons gran-
di, nous sommes devenus trop
complexes : cette coquille bien
symétrique ne peut plus nous
convenir, et je me demande
même s'il y a encore des coquilles
pour nous.

Peut-être, en effet, cet âge-là
sonne-t-il l'heure de déposer ses
coquilles. De déposer la coquille
de l'ambition, la coquille des
accumulations matérielles et de
l'égoïsme. De déposer, comme
sur une plage solitaire, l'orgueil,
l'ambition vaine, le masque et
l'armure. N'est-ce pas pour nous
protéger dans les compétitions
de ce monde que nous avons
endossé une cuirasse ? Lorsqu'on
a cessé d'entrer en lice, elle n'est

plus nécessaire. Peut-être, à l'âge des cheveux gris, ou même un peu avant, pourra-t-on enfin être soi-même... Quelle libération ce serait !

Il est vrai que les aventures de la jeunesse ne nous sont plus guère offertes. Pour la plupart d'entre nous, l'heure est passée d'entrer dans une carrière nouvelle ou de fonder une nouvelle famille. Bon nombre de nos ambitions physiques, matérielles ou mondaines sont devenues beaucoup moins réalisables qu'elles l'auraient été vingt ans auparavant. Mais n'en éprouvons-nous pas plutôt un certain soulagement? « Je ne me soucie plus d'être la beauté de

Newport », m'a dit un jour une femme très belle qui était devenue une artiste de talent. Et j'ai toujours aimé ce héros de Virginia Woolf qui, arrivé à un certain âge, fait ces constatations : « Les choses se sont détachées de moi et j'ai dépassé certains désirs... Je ne suis pas aussi doué qu'on aurait pu se le figurer autrefois. Certains domaines sont hors de ma portée. Je ne comprendrai jamais les problèmes philosophiques les plus ardus. Je ne voyagerai jamais au-delà de Rome. Je ne verrai jamais des Tahitiens piquer les poissons au trident à la lueur d'un fanal, ni un lion bondir dans la jungle, ni un sauvage dévorer de la viande crue. »

Et Dieu merci! croit-on l'entendre murmurer.

On a dépassé cette phase primitive, physique, réglée par les desseins de la nature, qui est celle du printemps de la vie; on laisse derrière soi les années actives qui précèdent les quarante ou cinquante ans. Mais tout l'après-midi de la vie reste à vivre.

Il nous est permis, maintenant, de quitter l'allure fiévreuse du matin pour consacrer enfin une part de notre temps à ces activités intellectuelles et spirituelles auxquelles, dans le feu de la course, nous avions renoncé. Nous autres Américains, avec cette écrasante primauté que nous accordons à la jeunesse, à l'action, au succès matériel, nous avons tendance à déprécier l'après-midi de la vie et même à nous jurer qu'il ne viendra jamais. Nous retardons la pendule et tentons de prolonger la matinée, vite essoufflés et surmenés par cet effort contraire à la nature. Et, bien entendu, la tentative échoue. Nous ne pouvons rivaliser avec nos fils et nos filles. Et quelle lutte de se mesurer avec d'autres adultes qui pèchent, tout comme nous, par excès d'activité et insuffisance de sagesse! Dans cet effort frénétique, il nous arrive souvent de manquer les floraisons qui embellissent l'après-midi de la vie.

Car n'est-il pas possible de faire de ces années le temps d'un nouvel épanouissement, d'une nouvelle croissance, une sorte de seconde adolescence? Il est vrai que la société n'encourage guère en général une telle interprétation de la seconde moitié de l'existence. Et c'est pourquoi cette nouvelle période d'expansion est méconnue de façon parfois tragique. Bien des gens n'arrivent pas à dépasser le plateau qui s'étend de la quarantième à la cinquantième année. Certains troubles annonciateurs d'un nouveau développement, qui ne sont pas sans analogie avec ceux de la première adolescence (mécontentement, inquiétude, doute, aspirations vagues, cafard), sont interprétés à tort comme des signes de déclin. Lorsque l'on est jeune, on s'y trompe rarement : on reconnaît ces troubles pour ce qu'ils sont, des troubles de croissance. Cela n'empêche pas qu'on les prenne au sérieux, ni même qu'on ait peur de cet espace inconnu dans lequel il va falloir s'engager; mais en dépit de cette peur, on y va.

Lorsque notre jeunesse est passée et que la crise fait sa seconde apparition, on la voit sous un autre jour, on la prend pour un signe de décrépitude et de mort. Au lieu de faire face, on fuit, cherchant refuge dans la dépression nerveuse, dans la

boisson, dans les aventures sentimentales ou dans un surmenage
fiévreux et infécond. Tout
plutôt que de se demander quel
est l'enseignement de cette crise.
Et l'on exorcise ces symptômes
comme des esprits mauvais
alors qu'ils pourraient être les
anges d'une annonciation.

Annonciateurs de quoi? Annonciateurs d'une étape de la
vie où, ayant renoncé à beaucoup de luttes et d'ambitions
et aux plus pesants des bagages
de la vie active, on se trouve
libre de cultiver la part négligée de soi-même, libre pour un
nouveau développement de l'intelligence, du cœur ou du talent,
et libre pour la vie spirituelle.

CHAPITRE VI

UN ARGONAUTE

LE monde de la plage compte parmi ses habitants un petit mollusque très rare, l'argonaute, qui n'est pas attaché à sa coquille. Celle-ci est une sorte de berceau que la mère argonaute porte jusqu'à la surface de l'eau. Là, les œufs vont éclore, puis les petits argonautes s'éloigneront à la nage. Après quoi la mère abandonnera la coquille pour commencer une vie nouvelle. Je suis fascinée par cet argonaute. De sa demeure temporaire je n'ai jamais connu qu'un seul spécimen, qui était le trésor d'un collectionneur. Presque transparente, cette coquille blanche, aux cannelures aussi délicates que celles d'une colonne grecque, a la légèreté des vieux canots de toile irlandais prêts à naviguer sur des mers inconnues. Elle doit son nom au vaisseau qui porta Jason

à la conquête de la toison d'or
et les marins la tiennent pour un
présage de beau temps et de
vents favorables.

Petite coquille, tu pourrais
être le symbole d'une certaine
étape dans les relations humaines. Sommes-nous capables, argonautes de l'âge mûr, de trouver cette liberté du minuscule
argonaute qui abandonne sa coquille pour voguer vers le large?
Mais que nous réserve la haute
mer? Nous avons peine à croire
que la seconde moitié de notre
vie puisse nous réserver beau

temps et vents favorables. Quelle toison d'or peut-il y avoir pour les gens « d'un certain âge »?

Avec l'argonaute, nous voici loin des coquillages habituels. Nous avons quitté la plage pour nous aventurer sur des mers inconnues. Peut-être la toison d'or qui nous attend est-elle la liberté d'un nouveau développement de notre personnalité. Mais dans une telle liberté, y a-t-il encore place pour quelque forme d'union avec un autre être? Je le crois. Je crois qu'une fois dépassé le stade de la coquille d'huître, l'occasion s'offre à nous de réaliser la plus parfaite de toutes les formes d'union que nous puissions connaître au cours de notre vie : non plus cette union limitée, exclusive, que symbolise le double soleil levant, et pas davantage cette union dépendante, subordonnée à une fonction naturelle, qui s'étalait sur le banc d'huîtres, mais une relation entre deux êtres arrivés au faîte de leur développement. Pour emprunter les termes du philosophe écossais Mac Murray, ce serait « une relation pleinement personnelle, c'est-à-dire un genre de relation dans lequel les individus entrent en qualité de personnes et avec l'ensemble de leur être ». « Ces rapports personnels, explique-t-il encore, n'ont pas de motif ultérieur ; ils ne s'appuient pas sur des intérêts particuliers et ne sont pas commandés par des fins partielles et limitées. Ils ont leur valeur en eux-mêmes et c'est pourquoi cette valeur domine toutes les autres. »

Le poète Rainer Maria Rilke avait déjà pressenti et réclamé, il y a près de cinquante ans, un grand changement dans les relations entre l'homme et la femme. Selon lui, ces relations devaient cesser d'être conformes aux modèles traditionnels de soumission et de domination, ou de possession et de rivalité. Il annonçait une forme d'union qui laisserait assez d'espace et de liberté pour le développement de l'individu et dans laquelle chaque partenaire concourrait à la libération de l'autre : « Cet amour plus humain, plein d'égards, de gentillesse, de bonté, plein d'honnêteté dans la façon de se nouer et de se dénouer, ressemblera à celui que nous nous efforçons de préparer : un amour fait de deux solitudes qui se rencontrent, se saluent et se protègent. »

Mais cette nouvelle relation de personne à personne, cet amour plus humain, cette union de deux solitudes, ce n'est pas une conquête qui se réalisera sans peine. Comme une plante aux racines profondes et fermes, une telle relation n'aura pu croître que lentement. Peut-être ne peut-elle apparaître qu'au terme d'un long développement de la civilisation et d'une longue évolution de chaque individu déterminé. Pour l'heure, il me semble qu'on n'arrive à cette étape que par chance ou par accident.

★

La première condition d'une telle conquête sera que la femme devienne majeure, entreprise à laquelle nous la voyons travailler présentement sans pouvoir compter sur une aide extérieure, si désireux soit-on de lui montrer le chemin à suivre. La femme

nouvelle est l'objet d'un vif intérêt, qui se manifeste surtout par
des recherches concernant son
comportement physique. Il est
assurément nécessaire que la
femme puisse comprendre et accepter les besoins et les habitudes de la vie sexuelle, mais la
vie sexuelle n'est qu'un des aspects d'un problème complexe.
Des statistiques sur son comportement sexuel ne peuvent pro-
curer à la femme beaucoup de
clartés ou d'aliments pour sa
vie intérieure, ni l'aider à réaliser enfin son espoir d'un rôle
créateur qui ne se limiterait pas
à la maternité. La femme doit
parvenir à la majorité par elle-
même. Etre majeur, c'est précisément cela : avoir appris à

s'appuyer sur soi-même. La femme doit apprendre à la fois à ne pas dépendre de l'homme et à ne pas se sentir obligée de prouver sa force en rivalisant avec l'homme. Jusqu'à présent, elle a toujours oscillé entre les deux pôles de la dépendance et de la rivalité, de la soumission à l'homme et du féminisme. Or, aucun de ces deux extrêmes ne lui assure l'équilibre, aucun ne saurait être pour elle « le centre », le vrai centre d'une femme complète. Ce centre, elle doit en faire la découverte toute seule. Avant de connaître la relation des « deux solitudes », il me semble qu'elle doit suivre le conseil du poète qui veut que l'on devienne « A soi-même un monde. Non pour soi : pour un autre. »

★

Et je me demande si l'homme et la femme ne sont pas tenus l'un et l'autre d'accomplir cet exploit héroïque. L'homme ne doit-il pas, lui aussi, devenir un monde se suffisant à lui-même ? Ne doit-il pas, lui aussi, se préoccuper des aspects négligés de sa personnalité ? Il devra pratiquer l'art de regarder au-dedans, pour lequel il n'a guère eu de temps dans sa vie toute dirigée vers l'extérieur, rechercher les relations personnelles, dont la joie ne lui a guère été accordée, et cultiver des dons soi-disant féminins, tels que le sens esthétique, la vie du cœur, la vie culturelle et spirituelle, qu'il n'a jamais eu le loisir de développer. Dans la civilisation toute matérielle, extérieure, active et masculine, qui est celle de l'Amérique, hommes et femmes ont sans doute la même soif de cette vie soi-disant féminine du cœur, de l'intelligence et de l'âme, qui n'est, en réalité, ni une vie masculine ni une vie féminine, mais simplement une vie humaine. C'est en développant cette vie que chacun de nous peut devenir un être complet.

★

Mais ce développement inté-
gral de l'individu, grâce auquel
chacun devient un monde qui se
suffit à lui-même, ne va-t-il pas
entraîner une plus grande sépa-
ration de l'homme et de la
femme? Une différenciation inévitable résultera de leur développement, de la même façon
que le tronc de l'arbre, en gran-
dissant, doit obligatoirement se
diviser en branches, en rameaux
et en feuilles. L'arbre n'en est
pas moins un seul arbre et chacun de ses éléments différents et
séparés concourt à la vie de

157

l'ensemble. Deux mondes séparés, deux solitudes, auront certainement plus de choses à mettre en commun que n'en avaient deux pauvres moitiés.

« Le partage total entre deux êtres est impossible, écrit Rilke, et chaque fois que l'on pourrait croire qu'un tel partage a été réalisé, il s'agit d'un accord qui frustre l'un des partenaires, ou même tous les deux, de la possibilité de se développer pleinement. Mais lorsque l'on a pris conscience de la distance infinie qu'il y aura toujours entre deux êtres humains, quels qu'ils soient, une merveilleuse vie « côte à côte » devient possible; il faudra que les deux partenaires

deviennent capables d'aimer
cette distance qui les sépare et
grâce à laquelle chacun des deux
aperçoit l'autre entier, découpé
sur le ciel. »

L'image est belle, mais à qui
est-il donné d'en faire une réalité dans sa vie? Un tel mariage
a-t-il jamais existé ailleurs
qu'en l'esprit d'un poète? La
« double solitude » de Rilke, ou
la « relation purement personnelle » de Mac Murray, sont
des concepts théoriques, mais
toujours quelque théorie précède
une exploration. Nous sommes
des pionniers qui tentons d'ou-
vrir un chemin nouveau à travers la forêt des traditions, des
conventions et des dogmes. Il

s'agit de conduire à maturité notre conception des relations entre l'homme et la femme et, en somme, de toutes les relations humaines. Du point de vue d'une telle entreprise, le moindre surcroît de compréhension a sa valeur. Il ne nous est guère accordé de connaître dans sa perfection ce que j'appelle « la vie de l'argonaute », mais nous pouvons l'entrevoir en certaines occasions. Et ces expériences limitées nous donnent une idée de ce que pourra être cette relation nouvelle.

★

Sur cette île, j'en ai eu un aperçu. Après une première

semaine de solitude, j'ai passé une semaine en compagnie de ma sœur. Je vais choisir un des jours que nous avons vécus ensemble, et je l'examinerai comme s'il était un de mes coquillages. Je le ferai tourner dans ma pensée afin d'en apercevoir les points essentiels. Ma vie ne pourra jamais ressembler à cette journée parfaite, car il n'existe pas de vie parfaite. Le lien qui unit deux sœurs n'est pas comparable à celui qui unit un homme et une femme, mais il peut illustrer les aspects essentiels d'un rapport humain. La lumière qui éclaire une relation saine peut illuminer toutes les autres relations humaines. Et une journée parfaite peut nous mettre sur la voie d'une vie plus parfaite, qui sera peut-être la vie mythique de l'argonaute.

Nous nous éveillons dans notre petite chambre au bruit léger du vent dans le feuillage des casuarines, au rythme lent des vagues sur le rivage. Nous courons, jambes nues, jusqu'à la plage lisse et plate où scintillent les coquillages mouillés que la marée a déposés durant la nuit. Le bain de mer du matin est pour moi une sorte de baptême, une façon de renaître à la beauté et aux merveilles du monde. Nous revenons en courant vers le café chaud qui nous attend : deux chaises de cuisine et une table d'enfant suffisent à meubler la terrasse sur laquelle nous nous installons.

Puis, nous lavons notre vaisselle : peu de chose. Nous travaillons ensemble avec aisance, comme guidées par un instinct, et sans jamais nous heurter l'une à l'autre tandis que nous allons et venons, vaquant à nos occupations respectives. Tout en balayant, en étendant le linge ou en rangeant, nous poursuivons une conversation qui s'arrête tour à tour sur une personne, sur un poème ou sur un souvenir. Et comme l'échange qui se fait entre nous est à nos yeux plus important que les besognes du ménage, celles-ci s'accomplissent sans même que nous y pensions.

Après quoi, nous nous mettons au travail, chacune de son côté, et aucune des deux ne songerait alors à déranger l'autre. C'est une véritable libération d'écrire jusqu'à s'oublier soi-même, jusqu'à ne plus savoir où l'on est ni ce que l'on va faire ensuite, sombrant dans le travail comme on sombre dans le sommeil ou dans la mer. Lorsque la faim nous redonne la notion de l'heure, nous nous levons, encore tout étourdies, pour aller préparer un déjeuner tardif, heureuses de sentir à nouveau sous nos pieds le terrain solide de l'activité physique.

Après cette heure ménagère, nous voici prêtes à passer l'après-midi sur la plage. Dès que nous y avons posé le pied, tout est balayé, nous sommes nettoyées de tout ce qui est détail, de tout ce qui est pratique. Nous marchons en silence, obéissant peut-être à la même musique inaudible que les maubèches qui avancent devant nous avec le rythme d'un corps de ballet. L'intimité se perd dans l'espace, toute émotion s'enfuit dans la mer. Nous nous sentons libérées jusque de nos pensées, ou du moins de toute pensée articulée, aussi propres et aussi dénudées que des brindilles blanchies par le sable, aussi vides que des coquillages, prêtes à nous laisser envahir par la substance impersonnelle de la mer, du ciel et du vent.

Et lorsque nous sommes aussi lourdes et aussi détendues que les algues sous nos pieds, nous retournons, au crépuscule, vers la chaleur et l'intimité de notre maison. Au coin du feu, nous prenons tout notre temps pour déguster un verre de vin de Xérès, puis nous passons à table et nous parlons. La soirée est le temps de la conversation. Comme dans mes années d'écolière, le matin continue d'appartenir à mes yeux au travail intellectuel et l'après-midi aux besognes physiques et aux activités du dehors. Mais dans la soirée, je vois l'heure du partage et de la communication. Est-ce l'étendue compacte et ininterrompue de la nuit, venant après la clarté distincte et divisée du jour, qui nous met ainsi en communication avec autrui? Ou bien l'espace infini et l'obscurité infinie, en nous glaçant et nous écrasant, nous amènent-ils à rechercher ces étincelles que sont les autres êtres humains?

Communiquer, mais pas trop longtemps. Car un véritable échange est aussi stimulant que le café noir et prépare mal au sommeil. Avant d'aller dormir, nous sortons pour nous plonger dans la nuit. Nous parcourons la plage sous les étoiles, puis, lorsque nous sommes lasses de marcher, nous restons étendues à plat sur le sable, face aux étoiles. Nous nous sentons étirées, dilatées aux dimensions de leur espace. Elles se déversent en nous et nous remplissent jusqu'au bord.

Voilà de quoi nous avions soif, je le comprends maintenant, après des réalités trop limitées — la journée, le travail, le détail des choses, l'intimité, ou même un échange de confidences : nous avions soif de la grandeur et de l'universalité de cette nuit pleine d'étoiles qui se déverse en nous comme une marée montante.

Enfin, nous nous décidons à quitter l'immensité du monde étoilé pour retourner sur notre plage. Nous marchons en direction de ce point particulier de l'espace : la lumière de notre maison, entrevue à travers le feuillage épais et sombre des arbres. Petite, sûre, chaude, accueillante, nous reconnaissons dans le chaos nocturne notre petite lumière humaine. Et bientôt nous sombrons de nouveau dans notre sommeil d'enfants sages.

*

« Quelle journée merveilleuse ! me suis-je dit, après en avoir fait le tour jusqu'à revenir au point de départ. Qu'est-ce qui l'a rendue si parfaite ? »

D'abord, ce fut une journée de liberté, qui n'était comprimée ni dans le temps ni dans l'espace. Vivre dans une île procure, je ne sais pourquoi, un sentiment illimité de l'espace et du temps. Ensuite, notre journée ne se confinait pas dans un seul genre d'activité : elle réalisait au contraire un équilibre parfait entre la vie physique, intellectuelle et sociale. Elle gardait un rythme facile, non forcé. Notre travail n'était déformé par aucune pression extérieure, nos rapports n'étaient contraints par aucune obligation. Quelque chose de léger dans nos contacts, dans nos échanges, en tempérait l'intimité. Nous avons traversé la journée comme des danseurs qui

170

ont à peine besoin de se tenir par la main tant ils sont portés par le même rythme.

Des relations heureuses ont quelque chose de commun avec la danse et obéissent à certaines de ses lois. Les partenaires n'ont pas besoin de s'accrocher l'un à l'autre, car ils accomplissent avec confiance les mêmes figures, compliquées sans doute, mais gaies, vives et libres comme une contredanse de Mozart. Se tenir trop fermement arrêterait le rythme, gênerait les pas et détruirait la beauté indéfiniment changeante des évolutions. Il n'y a pas place ici pour la main lourde et possessive, pour le bras qui annexe; il faut à peine un

171

contact au passage. Tantôt bras dessus, bras dessous, tantôt face à face, tantôt dos à dos : cela importe peu, car les deux danseurs savent qu'ils sont partenaires et qu'ensemble ils créent le rythme dont ils reçoivent ensuite une invisible énergie.

La joie que l'on retire de telles relations n'est pas seulement celle de créer ou de prendre part, c'est aussi celle de vivre dans le présent. La légèreté des contacts et la vie dans le présent vont ensemble. Bien danser consiste avant tout à danser parfaitement en mesure, sans s'attarder sur le dernier pas ni anticiper sur le suivant, mais en se tenant en équilibre sur le pas dont l'instant est venu. C'est ce parfait équilibre sur la mesure qui met dans la danse un sentiment de facilité, de vie hors du temps, d'éternité. Blake exprimait tout cela lorsqu'il écrivit ces vers

> Qui ramène à soi une joie
> Détruit la vie ailée.
> Qui lui donne un baiser au vol
> Vit dans l'éternité.

Ceux qui dansent en mesure ne détruisent pas la « vie ailée », ni en leurs partenaires ni en eux-mêmes.

Comment acquiert-on cette technique de la danse? Pourquoi est-ce si difficile? Qu'est-ce qui nous fait hésiter et trébucher? Je crois que c'est la crainte. Elle nous pousse tantôt à nous cramponner avec nostalgie à la mesure passée et tantôt à nous précipiter avidement sur la mesure à venir. La crainte détruit la « vie ailée ». Mais comment l'exorciser? Elle ne peut être exorcisée que par son contraire, qui est l'amour. Quand l'amour emplit le cœur, il n'y a plus de place pour la crainte, le doute ou l'hésitation. Et c'est de l'absence de crainte que naît la danse. Quand chacun des deux aime d'un amour si parfait qu'il oublie de se demander s'il est aimé en retour, quand chacun ne pense qu'à son amour et n'entend que la musique de son cœur, alors deux êtres peuvent danser ensemble dans un accord parfait.

*

Mais cette image de l'accord
parfait des deux danseurs épuise-
t-elle la signification du symbole
de l'argonaute? Les danseurs ne
devraient-ils pas observer également un autre rythme, un
rythme qui ne se limite pas à leur
couple : celui d'un pendule oscil-
lant entre l'échange et la solitude, entre l'intimité et le déta-
chement, entre le particulier et
l'universel? N'est-ce pas ce ba-
lancement du pendule entre des
pôles opposés qui donne à une
relation humaine sa richesse?
Yeats a écrit un jour que l'expé-

rience suprême de la vie est « de mettre en commun une haute méditation et puis de faire se toucher deux existences ».

Il faut d'abord le contact intime du personnel, du particulier — les travaux domestiques à la cuisine, la conversation au coin du feu — et il faut ensuite que cette intimité se perde dans le grand flot impersonnel, dans le silence de la plage, dans le ciel étoilé. Alors les deux partenaires se sentiront portés par la mer de l'universel, qui absorbe et libère, qui sépare et en même temps unit. Voilà précisément ce que devrait représenter la rencontre des deux solitudes. L'étape du double soleil levant était exclu-

sivement intime et personnelle;
celle de la coquille d'huître lais-
sait le couple humain prisonnier de sa destinée particulière
et de l'accomplissement d'une
fonction vitale. Mais le couple
des argonautes ne devrait-il pas
pouvoir s'évader de son intimité,
de sa destinée particulière, de sa
fonction vitale, pour s'élever jusqu'à l'universel, et puis revenir
au particulier?

Cette image du pendule qui
se balance sans effort entre des
pôles opposés nous fournit, me
semble-t-il, une indication de
valeur générale, applicable à
toutes les formes de relations.
Elle suggère une acceptation et
même une connivence   l'accep-

tation d'une vie ailée des rapports humains, de leur flux et reflux, de leur inévitable intermittence. Saint-Exupéry l'a écrit : « La vie de l'esprit est intermittente. La vie de l'intelligence elle seule est permanente, ou à peu près. Il y a peu de variations dans nos facultés d'analyse. Mais l'esprit ne considère pas les objets, il considère le sens qui les noue entre eux, le visage qui est lu au travers, et l'esprit passe de la pleine vision à la cécité absolue. Celui qui aime son domaine, vient l'heure où il ne découvre plus qu'assemblage d'objets disparates. Celui qui aime sa femme, vient l'heure où il ne voit dans l'amour que soucis, contrariétés et contraintes. Celui qui goûtait telle musique, vient l'heure où il n'en reçoit rien. »

La « vie véritable » de nos émotions et de nos relations est, elle aussi, intermittente. Quand on aime quelqu'un, on ne l'aime pas tout le temps et à chaque instant de la même manière. La chose est impossible et c'est déjà un mensonge de s'y efforcer. Voilà pourtant ce que d'ordinaire nous réclamons.

Nous avons peu de foi dans le flux et le reflux de la vie et de l'amour. Nous bondissons en avant avec le flux de la marée et nous résistons désespérément à son reflux. Nous avons peur

qu'elle ne revienne jamais. Il
nous faut à tout prix la permanence, la durée, la continuité,
alors que la seule chance de continuité, dans la vie comme en
amour, est dans le changement,
la fluidité, la liberté (j'entends :
la liberté des danseurs, qui ne
s'emparent point l'un de l'autre,
mais s'effleurent à peine en dépit
de l'union intime de leurs mou-
vements). La sécurité véritable
ne doit être cherchée ni dans la
propriété, ni dans la possession,
et pas davantage dans l'exigence,
dans l'attente, même dans l'es-
pérance. Pour trouver la sécurité
dans nos rapports avec un autre
être, il ne faut ni penser avec
nostalgie à ce que ces rapports
ont été, ni redouter ou désirer

180

ce qu'ils pourront devenir, mais les vivre dans le présent et les accepter tels qu'ils sont.

Car les rapports humains doivent, eux aussi, être des îles. Il faut les aimer dans les limites du présent : des îles que la mer entoure et interrompt, que les marées baignent et abandonnent sans cesse. Il faut accepter cette forme de sécurité qui est celle de la vie ailée, celle du flux et du reflux, de l'intermittence.

L'intermittence : une leçon contraire à nos tendances et qui ne s'apprend pas facilement. Comment apprendre à vivre au milieu des marées de l'existence, à passer au travers de la vague?

181

Cela se comprend mieux ici, sur cette plage où, dans un reflux étonnamment calme, la marée descendante dévoile une vie inconnue au-dessous du niveau qui nous est familier. Nous avons alors la révélation soudaine du royaume secret de la mer : là, dans des flaques peu profondes, aux petites vagues chaudes, on découvre des conques géantes qui pivotent sur leur pied, des médaillons de marbre gravés dans la vase et des multitudes de peignes aux couleurs vives, scintillant dans l'écume, dont les coquilles s'ouvrent et se referment comme des ailes de papillons. Elle est belle, cette heure tranquille où la mer se retire, aussi belle que celle de son retour, où les vagues progressent sans arrêt et débordent les défenses du rivage, pressées d'atteindre la sombre chaîne d'algues qui marque la limite de la plus haute marée.

Peut-être est-ce là l'essentiel de ce que j'aurai pu apprendre sur cette plage : puissé-je savoir toujours que le flux et le reflux d'une marée, le flux et le reflux d'une vague, ont la même réalité et la même valeur, et qu'il en est de même des diverses phases d'une relation humaine. Et mes coquillages? Je puis les glisser dans ma poche; leur seule mission est de me rappeler que la mer éternellement s'éloigne et revient.

CHAPITRE VII

QUELQUES
COQUILLAGES

JE me prépare à quitter l'île. Quel est le fruit de mes efforts, de mes ruminations sur la plage? Quelles réponses,

quelles solutions ai-je trouvées
que je puisse appliquer à ma
vie? J'ai quelques coquillages
en poche, un certain nombre
de points de repère, un certain
nombre seulement.

Quand je me remémore les
premières journées que j'ai passées ici, je prends conscience
de l'avidité avec laquelle je col-
lectionnais. Mes poches étaient
bourrées de coquillages mouillés
aux crevasses pleines de sable.
Des coquillages magnifiques par-
semaient la plage et je ne pouvais en passer un seul sans lui
prêter attention. Je ne pouvais
pas même marcher tête haute
en regardant l'horizon marin,
tant je craignais de manquer à

mes pieds quelque précieuse chose. Un collectionneur porte des œillères ; il ne voit que la valeur des objets. Son instinct d'acquisition est incompatible avec une authentique prise de conscience de la beauté. Mais une fois que j'eus bien empli et mouillé toutes mes poches, couvert de coquillages tous les rayons de la bibliothèque et les rebords de fenêtres, ma fringale s'apaisa. Je me mis à rejeter certaines de mes possessions, à faire un choix.

On ne peut pas posséder tous les beaux coquillages de la plage : on ne peut en avoir que quelques-uns, et ils sont d'autant plus beaux qu'ils sont moins nombreux. Un seul coquillage de lune fait plus d'effet que trois. Découvrir un double soleil levant, c'est un événement; en découvrir six successivement, ce ne serait plus qu'une série. On en arrive donc à ne garder que des spécimens parfaits. On ne choisit pas nécessairement une coquille rare, mais une coquille parfaite en son genre et on la met à part, entourée d'espace : comme une île.

Car la beauté ne s'épanouit que si elle est entourée d'espace. Ce n'est que dans l'espace qu'un être — ou un événement ou un objet — apparaît unique, chargé de signification et, de ce fait, beau. Un arbre a une signification lorsqu'il se découpe sur le grand ciel désert. Une note de musique gagne en importance lorsque du silence la précède ou la suit. La flamme d'une bougie s'épanouit dans l'espace nocturne. Même de petites choses quelconques peuvent devenir importantes quand elles sont isolées dans l'espace : par exemple quelques herbes d'automne au coin d'une peinture chinoise dont le restant est vide.

★

Je commence à comprendre que ma vie habituelle est dénuée de signification et de beauté parce qu'elle est trop pauvre en espaces vides. Mon espace est chargé de gribouillages, mon temps est pris. Il y a peu de pages vides sur mon agenda, peu de moments libres dans ma journée, peu d'endroits dans ma vie où je puisse être seule et me retrouver moi-même. Trop d'activités, trop de gens, trop de choses — activités dignes d'intérêt, gens et choses de valeur, mais trop est trop. Car ce ne sont pas seulement les broutilles qui encombrent nos vies, mais aussi les choses importantes. On peut posséder trop de trésors — des coquillages à ne savoir où les mettre, alors qu'un ou deux seraient riches de signification.

192

★

Dans cette île, j'ai eu de l'espace. Sur ce territoire minuscule, si paradoxal que cela puisse paraître, l'espace m'a été donné par force. Car les limites géographiques de l'île, ses restrictions matérielles et le manque de moyens de communication ont réalisé une sélection naturelle. Il n'y a pas ici trop d'activités, trop de choses ou trop de gens. Tout est significatif, tout est mis en valeur par un cadre d'espace et de temps. Ici on a du temps : du temps pour rester tranquille, pour travailler à loisir, pour réfléchir, pour observer le héron qui guette sa proie avec une patience glacée. Du temps pour regarder les étoiles ou pour étudier un coquillage. Du temps pour voir des amis, pour parler et rire et faire des cancans. On a même du temps pour rester silencieux. Chez moi, quand j'arrive à passer quelques heures avec des amis, le temps paraît si précieux que nous nous sentons tenus de bourrer chaque instant avec de la conversation. Nous ne pouvons nous offrir le luxe du silence. Ici, je puis rester assise avec des amis sans parler, admirant ensemble le dernier ruban vert pâle de la lumière du jour qui disparaît à l'horizon, les spirales d'un petit coquillage

194

blanc, ou la noire cicatrice que laisse sur le firmament étincelant le passage d'une étoile filante. Alors, la conversation devient une communication et le silence plus nourrissant qu'aucune parole.

La sélection qu'opère pour moi la vie de l'île ne se fait pas aux dépens de la variété. On peut faire des expériences très diverses sur cette île, mais on ne risque pas d'en faire un trop grand nombre. Il y a ici toutes sortes de gens, mais non pas trop de gens. La simplicité de la vie qu'on y mène m'oblige à me livrer à des activités physiques, au lieu d'avoir seulement des activités sociales ou intellec-

tuelles. N'ayant pas de voiture
c'est à bicyclette que je vais
faire mes provisions et chercher
mon courrier. Lorsqu'il fait froid,
je ramasse du bois mort que je
coupe moi-même avant de faire
un feu dans la cheminée. Je nage
au lieu de prendre des bains
chauds. J'enterre des ordures
ménagères qu'aucune benne ne
viendrait chercher. Quand je ne
me sens pas en humeur de travailler à mon poème, je fais
cuire des biscuits et n'y prends
pas un moindre plaisir.

La plupart de ces travaux
seraient de vraies corvées si je
devais les accomplir chez moi,
où ma vie est trop encombrée
et mon emploi du temps trop

rigoureux. Là-bas, j'ai une maison remplie d'enfants et mes responsabilités s'étendent à de nombreuses personnes. Ici, où je dispose de temps et d'espace, le travail physique devient un changement salutaire : il équilibre ma vie d'une façon qui me rafraîchit et me fait du bien. Faire les lits ou aller en auto jusqu'au marché ne saurait apporter le même bienfait que de nager, de rouler à bicyclette ou de creuser la terre. Quand je serai de retour à la maison, il ne sera plus question d'enterrer des ordures, mais je pourrai toujours bêcher le jardin, aller à bicyclette à mon travail, ou, dans mes jours d'aridité spirituelle, faire des biscuits.

L'île se charge également du tri de mes relations, car, dans ses limites étroites, il n'y a pas place pour beaucoup de monde. Elle choisit pour moi des gens très différents de moi, et lorsque j'ai pris le temps de les connaître, je découvre en eux presque toujours une personnalité intéressante. C'est la même découverte que nous avons tous faite au cours d'une croisière, d'un long voyage en chemin de fer ou d'un séjour dans un petit village. Quelques personnes se trouvent désignées à nous par le hasard qui nous confine ensemble. Nous n'aurions peut-être jamais choisi nous-mêmes ces voisins, c'est la vie qui les a choisis pour nous. Mais, mis en présence les uns des autres, nous nous étirons, si je puis dire, afin de nous rejoindre, et cet effort d'adaptation et de compréhension nous procure à tous un surcroît de forces.

Dans les grandes agglomérations, nous faisons notre choix nous-mêmes — comment ne pas opérer un tri dans cette foule? — et nous avons toujours tendance à choisir des gens qui nous ressemblent. Quel régime monotone! Rien que des hors-d'œuvre et pas de viande, ou rien que des sucreries et pas de légumes, suivant la catégorie à laquelle nous appartenons. Si différents que nos menus puissent être les uns des autres, ils ont habituellement, ce trait commun : nous optons pour le connu, rarement pour l'étrange. L'inconnu risquerait de nous choquer, de nous décevoir, ou simplement d'être un peu difficile à vivre. Et pourtant c'est l'inconnu, avec toutes ses déceptions et ses surprises, qui serait le plus enrichissant.

★

Quand je serai de retour à la maison, me laisserai-je à nouveau submerger, non seulement par trop d'activités vaines, mais aussi par trop de chances dignes d'être courues? Non seulement par trop de raseurs, mais aussi par trop de gens intéressants? La multiplicité du monde viendra de nouveau m'assaillir avec ses valeurs fausses : valeurs de quantité et non de qualité, de bruit et non de silence, de vitesse et non de calme, de mots et non de pensées, de possession et non de beauté. Comment résisterai-je à leur assaut? Comment resterai-je entière malgré toutes les forces qui tenteront de me « déchirer en morceaux »?

A la sélection naturelle opérée par l'île, il faudra substituer une sélection consciente, basée sur une évaluation différente dont le sentiment s'est précisé en moi pendant ce séjour. Si je réussissais à en formuler les préceptes,

j'appellerais ceux-ci les préceptes de l'île. Ce seraient comme
des poteaux indicateurs mon-
trant le chemin qui mène à une
existence nouvelle. Une vie simple, pour garder conscience de
sa vie. Un équilibre entre la vie
physique, la vie intellectuelle et
la vie spirituelle. Un travail libre,
sans pressions extérieures. De
l'espace pour restituer aux
choses leur valeur et leur beauté.
Du temps pour la solitude, du
temps pour l'échange. Un con-
trat avec la nature qui nous
permettra de mieux comprendre
et accepter l'intermittence, tant
dans la vie de l'esprit et dans la
vie créatrice que dans la vie des
relations humaines.

La vie que j'ai menée dans cette île a été comme une longue-vue pour examiner ma vie habituelle, l'autre, celle que je mène aux abords de la ville. Il faut que j'emporte cette longue-vue. Mes coquillages transporteront là-bas cette optique différente, ils me rendront mes yeux de l'île.

CHAPITRE VIII

DERRIÈRE MOI,
LA PLAGE

JE prends mon sac de sisal. Le sable glisse doucement sous mes pieds. Ce temps de réflexion touche à sa fin.

La recherche de la simplicité extérieure, de l'intégrité intérieure, d'une vie de relations plus satisfaisante, tout cela ne dérive-t-il pas d'une vision du monde un peu limitée? En un sens, oui, bien sûr. De nos jours, une vision de caractère planétaire s'est imposée à l'humanité. La terre gronde et fait éruption autour de nous. Les tensions, les conflits, les souffrances, qui assaillent des pays lointains, se transmettent comme des messages reçus et ressentis par chacun de nous, et il ne dépendrait pas de nous de ne pas les recevoir.

★

Mais quel degré de réalité
sommes-nous capables de donner à cette conscience planétaire? On demande aujourd'hui
à notre cœur d'éprouver de la
compassion pour chaque être vivant dans le monde, et à notre
intelligence de digérer toute la
masse d'informations qui est ré-
pandue dans le public. Et tout
ce qu'en conclusion nous dicte-
ront l'intelligence ou le cœur, on
veut que nous le traduisions en
actes. Le progrès des échanges
mondiaux nous met en contact
permanent avec plus de gens que

nos cœurs n'en peuvent recevoir — ou peut-être faudrait-il dire (car je crois que le cœur est infini) : avec plus d'affaires et de problèmes que nos vies n'en pourraient tenir. Il est bon que l'esprit, le cœur, l'imagination soient ainsi étirés, mais nos corps, nos nerfs, notre endurance, notre vitalité ne sont pas aussi extensibles. Je ne puis vraiment pas pourvoir aux besoins de tous les êtres dont mon cœur entend et accueille les appels. Je ne peux pas les épouser tous, ni tous les porter et les mettre au monde, ni les soigner comme je soignerais mes parents âgés ou malades. Nos grand-mères, et même à la rigueur nos mères, vivaient dans un cercle

assez étroit et pouvaient tra-
duire en actes la plupart des
impulsions de leur esprit et de
leur cœur. Mais nous, élevées
dans les mêmes traditions, nous
ne pouvons plus agir selon ces
traditions, tant le cercle de notre
vie s'est étendu à travers l'espace et le temps.

Comment accorder notre vision devenue planétaire avec
les impératifs de notre conscience chrétienne? Nous devons
nous résigner à faire quelque
sorte de compromis. Parce que
nous ne pouvons pas nous occu-
per de millions d'hommes indi-
viduellement, nous essayons
parfois de faire de ces millions
d'hommes une abstraction appe-

lée la masse. Parce que nous n'arrivons pas à dominer la complexité du présent, souvent nous sautons par-dessus le présent pour nous installer dans une vision simplifiée de l'avenir. Parce que nous ne sommes pas capables de résoudre nos problèmes propres, qui se posent ici, dans notre pays, nous dissertons sur d'autres problèmes, qui se posent là-bas, dans le monde. Nous essayons ainsi d'échapper à ce fardeau insupportable dont nous nous sommes chargés. Mais peut-on vraiment éprouver des sentiments profonds pour une abstraction du nom de masse? Peut-on mettre l'avenir à la place du présent? Et quelle assurance avons-nous que, si nous négligeons le présent, l'avenir en retirera un bénéfice quel-conque? Peut-on trouver une so-lution aux problèmes mondiaux quand on est incapable de résou-dre les siens propres? On peut se demander où tout cela nous a conduits et si cela nous a bien réussi d'aborder les choses par la périphérie au lieu de commen-cer par le centre.

★

Si nous y réfléchissons, les vraies victimes du monde moderne sont précisément les choses proches et présentes, et l'individu avec sa vie de relations

213

personnelles. Le présent est laissé de côté dans la course pour l'avenir. L' « ici » est négligé au profit du « là-bas »; l'individu est réduit aux dimensions d'un nain par le gigantisme de la masse. L'Amérique, dont le présent est enviable, ne songe guère à l'apprécier tant est insatiable sa faim de l'avenir. L'historien ou le sociologue ou le philosophe diront peut-être que nous continuons d'être lancés en avant par notre énergie d'hommes de la frontière, et déterminés par nos nécessités de pionniers ou par ce zèle puritain qui s'exprime dans le besoin de « passer à la chose suivante ».

En revanche, l'Europe, que nous croyons toujours amoureuse du passé, apprend depuis la dernière guerre à mieux apprécier le présent. Le bon vieux temps est si loin, le passé proche si affreux, l'avenir si plein de périls, que le présent retrouve sa chance et peut accéder à l'éternité. En Europe, des hommes et des femmes qui sont nos contemporains « cueillent le jour », même s'il n'y a rien à cueillir qu'une promenade à la campagne le dimanche ou un verre à la terrasse d'un café.

Pareillement, notre sentiment de la dignité de l'individu doit une vigueur nouvelle aux menaces et aux tentations dont l'individu est assailli et qui le conduiraient à capituler devant

la masse et à subir la tyrannie
d'une pensée standardisée.

★

Les choses proches et présentes, de même que l'individu
dans sa singularité, ont toujours
été sensibles, plus qu'à d'autres,
au saint, à l'artiste, au poète,
mais aussi, de temps immémor-
rial, à la femme. Dans le cadre
étroit de son foyer, la femme n'a
jamais perdu complètement de
vue ce qu'a d'unique chacun des
membres de sa famille, et elle
n'est jamais devenue tout à fait
sourde à la voix des choses proches et présentes. C'est là qu'est

la substance de la vie. Ces éléments séparés sont la réalité
que recouvrent des entités telles
que la Masse, l'Avenir ou l'Univers.

C'est peut-être notre rôle, à
nous autres femmes, de mettre
l'accent sur ces réalités négli-
gées : non pour nous dérober
aux grandes responsabilités et
aux grands problèmes, mais
pour avancer effectivement d'un
pas — le premier pas — vers
leur solution. En partant du centre de nous-mêmes, nous trou-
vons des richesses dignes d'être
transportées jusqu'à la périphérie : un peu de cette joie du présent, un peu de cette paix des
choses proches, un peu de cet

humble amour personnel, avec lesquels se fait le royaume des cieux sur la terre.

Les vagues font écho derrière moi. Patience, foi, ouverture du cœur et de l'esprit, simplicité, solitude, intermittence, voilà ce que la mer enseigne. Mais il y a d'autres plages à explorer, d'autres coquillages à trouver. Ceci n'est qu'un commencement.

TABLE DES MATIÈRES

Achevé d'imprimer
en septembre mil neuf cent quatre-vingt-trois
sur les presses de l'Imprimerie Gagné Ltée
Louiseville - Montréal.
Imprimé au Canada